普 天 之 下 · 盡 是 好 書

普天 出版家族 Popular Press Family

凌雲 文創 A-Plus Creative Company

Thick
Black
Theory

Thick Black Theory is a philosophical treatise written by Li Zongwu, a disgruntled politician and scholar born at the end of Qing dynasty. It was published in China in 1911, the year of the Xinhai revolution, when the Qing dynasty was overthrown.

厚黑學

用人做事必須知道的厚黑法則

完全使用手冊

用人做事篇

歌德曾經寫道：

「我的成功之道只有一條，
那就是伸手去收割旁人替我
播種的莊稼而已。」

其實，真正會用人幫自己做事的人，
必須懂得如何利用「恩惠」去控制自己所用之人，
如此一來，被你利用的人，
還會以為你處處為他著想，對你千恩萬謝。

Thick Black Theory is a philosophical treatise written by Li Zongwu, a disgruntled politician and scholar born at the end of Qing dynasty. It was published in China in 1911, the year of the Xinhai revolution, when the Qing dynasty was overthrown.

王照

【出版序】

現實很殘酷，你必須學點厚黑心術

・王　照

人不能只有小聰明，卻沒有大智慧；厚黑學不是教你賣弄聰明、耍奸玩詐，而是教你借用別人的能力，快速達成自己的目的。

現實很殘酷，想在慘烈的人性戰場存活，就必須學點厚黑心術，才能借用別人的能力，快速達成自己的目的。

用點手腕、使點手段，掌握一些厚黑技巧，往往是讓問題迎刃而解的最佳捷徑，同時也是現代人求生自保必備的智慧。

就本質來說，智慧和厚黑的內容是相同的，只不過是同一種應對模式的正反說法，岳飛用的時候，我們稱之為智慧，秦檜用的時候，我們叫它厚黑。

古往今來的歷史經驗與生活教訓告訴我們：成功的秘訣就是智慧。唯有智慧才能使人脫胎換骨，也唯有智慧才能改變人生！

諸葛孔明向來被視爲智慧的化身，英姿煥發，才智溢於言表，手執羽扇頭戴綸巾，談笑間敵艣灰飛煙滅，何其瀟灑自如！他靠的是什麼？答案是智慧。

《西遊記》中的齊天大聖孫悟空護送唐僧前去西天取經，歷經九九八十一難，上天入地，翻江倒海，橫掃邪魔，滅盡妖孽，何其威風暢快，激動人心！貫穿整部《西遊記》的是什麼？答案還是智慧。

許多世界知名將領身經百戰，洞察敵謀，所向披靡，締造一頁頁傳奇。他們何以能叱吒風雲，在險惡的戰場屢建奇功？靠的還是鬥智不鬥力的智慧。

拿破崙橫掃歐洲大陸，如入無人之境；愛迪生一生發明無人能出其右，廣爲世人稱道，原因都在於他們懂得搭建通向成功的橋樑，擁有打開智慧寶庫的鑰匙。

當你前途茫茫、命運乖舛，輾轉反側卻不得超脫的時候，你需要智慧；當你面臨群丑環伺，想要擺脫小人糾纏之時，你需要智慧。

在你身陷絕境，甚至大禍迫在眉睫之際，想要化險爲夷、反敗爲勝，你需要智慧；在你萬事俱備只欠東風的時候，如何把握機稍縱即逝的良機，你需要智慧。

在你身處險境、危機四伏時，想躲避來自四面八方的暗箭，你需要智慧；在你春風得意馬蹄疾揚的時候，如何不致中箭落馬，更需要智慧。

在十倍速變化的世紀裡，古人所說的「離散圓缺應有時，各領風騷數百年」景況將不復出現，一個人的影響力、穿透力至多只能維持數十年。

我們當中，只有極少部分的人能靠著智慧和不斷自我砥礪，而獲得通往成功的通行證，絕大多數的人都將繼續在失敗的泥沼中跋涉，最後慘遭時代吞噬。

更殘酷地說，從來沒有一個世紀是愚騃無知之徒的世紀——他們充其量不過是歷史煙塵中庸碌的過客，或者任由豺狼宰割的羔羊；他們想擁抱時代，時代卻無情地吞噬、遺棄、嘲弄他們。

無疑的，二十一世紀是智者通贏的世紀，我們既面臨空前無情的挑戰，同時也面臨曠世難遇的機遇。

失意、落敗、悲哀無可避免地會降臨在那些愚騃懵懂、儒弱無能的人身上，這些人將成爲時代的棄兒，被遺棄在歷史的垃圾堆。

成功的機遇則會擁抱那些充滿智慧、行事敏捷、勇於進取的人；唯有這些人方能成爲時代的驕子，分享新世紀的光輝和榮耀。

洛克維克曾經寫道：「狼有時候也會保護羊，不過那只是為了便於自己吃羊。」在這個誰低下脖子，誰就會被人當馬騎的年代裡，如果想要生存下去，就要具備厚黑的智慧，既要通曉人性的各種弱點，又要懂得運用爲人處世的技巧。

本書要教導讀者的，就是在人性叢林中成功致勝的修身大法。內容包含兩個層面，一是自我素質的快速提昇，透過吸收書中列舉的借鏡與知識，累聚各式各樣必備的智慧，增進自身的涵養；一是徹底摸清人性，修習爲人處世的技巧，運用機智、適當的手腕，適時發揮本身所具備的才能。

這兩者正是獲得成功的最重要因素，也是決定性的因素。

人不能只有小聰明，卻沒有大智慧；厚黑學不是教你賣弄聰明、耍奸玩詐，而是教你看穿人性、修練人生。如果你不懂得厚黑學，不懂得洞悉別人如何耍弄心機，那麼永遠都只會是人性戰場上的輸家。

01. 什麼人值得你三顧茅廬

一個頂尖的領導人應該具備用人做事的智慧，明白什麼樣的人才值得你三顧茅廬，不管付出多大的代價也要將人才爭到手。

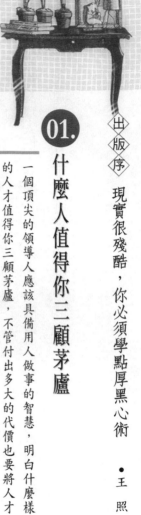

02. 把人才巧妙地組合起來

劉邦是一個「有效的管理者」。以單方面的才能而論，劉邦與他的部屬相比遜色不少，但他能夠恰當地使用部屬，把他們巧妙地組合在一起，人盡其才的結果，最後一舉奪得天下。

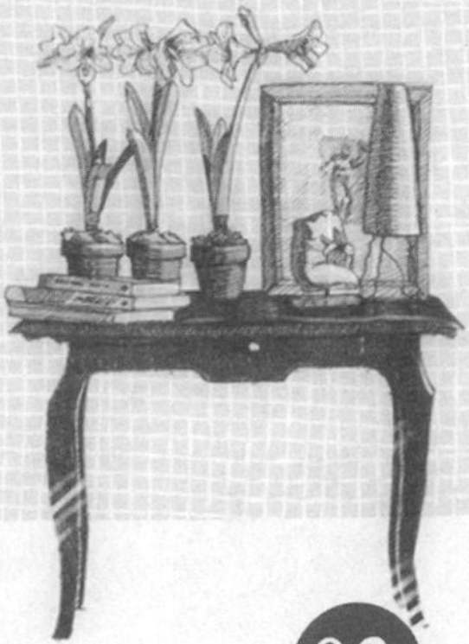

03.

你用的是人才，還是奴才？

能否慧眼識才，往往是企業能否振興、領導人是否英明的標誌。因此，儘管識賢的學問相當難學，我們也要「迎難而上」

04. 你敢重用有才能的「仇人」嗎？

一個公司的蓬發展必須靠傑出的人才，沒有賢才就沒有一切。只有讓自己成為賢才的知己，方能成為知人善用的「伯樂」。

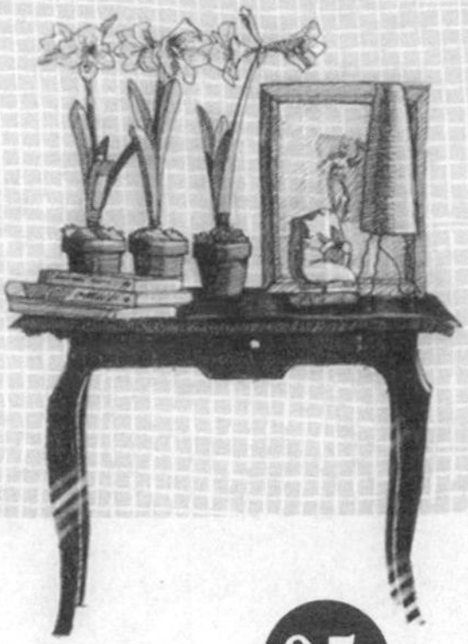

05. 你敢用比自己更聰明的人嗎？

美國廣告大師奧格威說：「如果你永遠招聘不如你的人，我們就會成為侏儒的公司。反之，如果你永遠招聘比你優秀高明的人，我們就會成為頂天立地的巨人公司。」

06.

別讓下屬成為自己的「絆腳石」

身為上司，在利益、思想、方法等方面，難免與下屬發生矛盾或衝突，怎樣才能避免部屬成為你向上升遷的「絆腳石」呢？

07. 不要讓自己疲於奔命

一個領導者，必須客觀地對待自己和別人，即使再精明能幹，也要以寬容的心理解別人，不要時時刻刻都以自己的行為模式去衡量別人。

08.

有才華，也要懂得生存的方法

才華橫溢的人容易有恃才傲物、好高騖遠，如果你自認是個才華洋溢的人，就必須更加熟悉職場的生存法則，以免自己落得悲慘的結局。

09. 要當勝利者，不要當受害者

不要輕易透露自己的真實想法，如此一來，你才能打開新局面，不但成為辦公室中的生存者，而且成為最後的勝利者。

10. 摸清辦公室裡的相處之道

自命清高的人，往往就是辦公室裡惹人討厭的傢伙，由於不懂得應對進退之道，最後終將在劇烈而又爾虞我詐的競爭中失敗。

1

PART

什麼人值得你三顧茅廬

一個頂尖的領導人應該具備用人做事的智慧，明白什麼樣的人才值得你三顧茅廬，不管付出多大的代價也要將人才爭到手。

什麼人值得你「三顧茅廬」？

一個頂尖的領導人應該具備用人做事的智慧，明白什麼樣的人才值得你三顧茅廬，不管付出多大的代價也要將人才爭到手。

三國時期，曹操既是著名的政治家、軍事家，又堪稱三國時代人才思想的集大成者。他不僅廣納賢才，營造出謀士如雲、戰將如林的鼎盛格局，並且還對如何運用人才進行了系統化研究與總結，對於中國後代的用人思想影響頗大。

曹操崇尚周公「一沐三握髮，一飯三吐哺，起以待中述志」的禮賢下士精神，並且懷著「山不厭高，水不厭深，周公吐哺，天下歸心」的雄心壯志，流露出對賢才的渴望與仰慕之情，在在表現了他對人才的重視程度。

相同的，劉備三顧茅廬，請出「臥龍先生」諸葛孔明來輔佐自己，在歷史上也傳爲美談。

當年，若不是劉備三顧茅廬，不僅蜀漢難以與曹魏、東吳分庭抗禮，隱居隆中的諸葛亮也不知何時才能展露曠世才華。正因爲劉備慧眼識賢才，三次到諸葛亮隱居的草廬請他下山，諸葛亮才能適時顯出了絕代俊彥的本色。

想要網羅人才替自己做事，就要有不惜代價的氣魄與智慧。

瑞士有一位研究生成功研製了一支性能傑出的電子筆，以及相關輔助設備，可以用來修正人造衛星拍攝到的紅外線照片。

這項重大發明公佈後，立即引起全世界矚目，美國一家跨國企業聞訊後，馬上找到了那位研究生，開出相當優厚的待遇，想重金禮聘他到美國去工作。與此同時，瑞士一些公司也千方百計想要留住這位研究生，於是，美國與瑞士面展開了一場人才爭奪戰，雙方不斷增加價碼，鬧得不可開交，火藥味十分濃厚。

最後，美國這家跨國公司極不耐煩地對這些糾纏不休的瑞士公司說：「我們不再加價了，等你們決定了價碼，我們再乘以五倍。」

就這樣，這位研究生終於連人帶「筆」一起被帶到了美國，事後也爲這家公司賺取龐大的利潤。

無獨有偶的，新加坡美麗樂電器公司董事長黃海利，也曾爲了借用日本頂尖行銷專才山下正治郎的能力，不惜以每月六位數的薪資，聘請他擔任總經理職務。

有人對美麗樂公司這種「砸錢請人」的做法感到懷疑，問黃海利說：「開出這樣的價碼值得嗎？」

黃海利毫不猶豫地回答說：「當然値得！只用這樣的價碼，就請得到山下正治郎到美麗樂電器上班，還算我走運呢！」

黃海利向新加坡經濟發展局申請雇用日本人當總經理時，該局職員看了他要付出的薪資數目後，都嚇了一大跳。他們讚嘆說，能請到日本頂尖專才到新加坡華人公司任職，黃海利的美麗樂公司堪稱是空前。

山下正治郎到美麗樂電器公司任職後，不到兩年時間，美麗樂就出現了脫胎換骨的變化，爲公司開拓出了一大片全新的業務領域，實現了多元化經營的目標。黃海利本人也從山下正治郎身上，學到了許多現代化企業的經營管理知識。

後來，山下正治郎徵得黃海利首肯，以比他更高的月薪爲條件，向日本某大財團的一名高層管理人員進行挖角，說服那個人加盟美麗樂電器。

對於此事，黃海利豪氣十足地說：「只要他能協助美麗樂電器公司突破現狀，開拓更多的業務，我又何必計較他的薪水？只怕請不動他呢！」

一個頂尖的領導人應該具備用人做事的智慧，明白什麼樣的人才值得你三顧茅廬，不管付出多大的代價也要將人才爭到手。

厚黑智典

一個人來自監獄，還是來自哈佛大學，對我來說都沒有差別，我要僱用的是人才，而不是他的歷史。

——亨利．福特

能力比容貌更重要

就用人做事之道而言，相貌堂堂而又滿腹才略的人，當然再好不過，然而，相貌醜陋但才華橫溢的人，也同樣能開創出一番大局。

《三國演義》裡的名士「鳳雛先生」龐統上知天文，下知地理，謀略不亞於管仲、諸葛亮。只因爲他外表濃眉厚唇、黑面短鬚、衣貌不整、形象古怪，又是矮個子，儘管劉備對他仰慕已久，求之若渴，但一見面心裡就馬上涼了半截，暗自嘀咕：「此人其貌不揚，料必腹中也空空如也，成不了什麼大才，要不然孫權怎麼不用他？」因此，只是胡亂地給他安排了一個差事。

幸虧張飛到龐統掌事的耒陽巡視，發現龐統果然才能過人，於是報告了劉備，這才引起了劉備的重視，趕忙請回龐統，向他作揖請罪，並委任他當了副軍師。

要不是張飛當了回「伯樂」，龐統這位賢才可能就此埋沒了。

爲何以貌取人容易犯下無可彌補的錯誤？

這是因爲相貌不能眞實地反映一個人內心的實際情況。奸詐的人，儘管對人暗藏殺機，卻能夠以笑臉相迎；善良的人雖有菩薩心腸，有時也可能對人怒目相看。一個長得醜陋的人，或許是一個至善至誠的人；而一個艷麗無與倫比、塗滿香脂的美人，可能是奇毒無比的蛇蠍美人。

所以，要辨識一個人，一定要審愼觀察其行，而不要以相貌論定他是不是賢才。不以貌取人、不以貌識人，不僅是因爲以貌取人和以貌識人有百害而無一利，而且人的長相如何，跟他有無眞才實學沒有必然的聯繫。有的人相貌堂堂，腹中卻空空如也；有的人長得其貌不揚，胸中卻有滿腹經綸。

就用人做事之道而言，相貌堂堂而又滿腹才略的人，當然再好不過，然而，相貌醜陋但才華橫溢的人，也同樣能開創出一番大局。

菲律賓前外交部長羅慕洛身材矮小、貌不驚人，其夫人即使不穿高跟鞋，也比他高出一截，可是，羅慕洛卻以出衆的才華，過人的膽略，機智靈敏的頭腦，活躍於世界的外交舞台，成爲世界著名的外交家。

一九六八年，蘇聯入侵捷克，在聯合國大會上，羅慕洛嚴厲譴責了蘇聯的不義行爲，蘇聯外長惱羞成怒地說：「你不過是地球上一個小小的不起眼的國家的小小的外長，這裡哪有你說話的地方！」

蘇聯外長出言尖酸刻薄，只見羅慕洛厲聲反駁：「是啊，當一個狂傲的巨人趾高氣揚胡作非爲的時候，又有誰敢站出來，對他迎頭一擊，給他當頭一棒呢？」

羅慕洛的回答，使狂傲無禮的蘇聯外長頓時啞口無言。

蓋世球王馬拉度納長得其貌不揚，而且身短體方，但是，他卻能在長人如林的綠茵球場上，展露球技，大放光芒。當人們在讚揚他的魔術般球藝的時候，又有誰因爲他的相貌與身材而喋喋不休呢？

在今天競爭激烈的人才市場中，作爲一個精明的領導者，更不應該因爲賢才醜陋的外表而捨棄他。

儘管像秘書、公關等專業人士，除了以眞才實學作爲主要的選人依據外，還講究漂亮的外表和優雅的風度，但無論如何，我們都應該牢記「人不可貌相」的道理，並懂得：「人的美麗可愛，不僅僅是由於他的容貌，而是決定於他的才能和品質，一個有真才實學、品質高尚的人，永遠是美麗而年輕的。」

這番話應該成為我們在選賢識才過程中的指導原則。

厚黑智典

用人做事最高明之處，在於讓別人去做他們不喜歡做的事，並且愛上這種工作。

——美國總統杜魯門

以出身取人是選才的大忌

有許多人喜歡以出身評斷一個人，這是選才的大忌。必須記住，梅花香氣來自苦寒，温室雖好，卻培育不出蒼松翠柏。

在中國古代歷史上有所謂「相馬失之瘦，相士失之貧」的說法。意思是說，很多人相馬時，看到馬兒瘦小就認爲牠不可能是千里馬，相人的時候，只要看到他處於貧窮狀態，就往往錯認他不是人才。

爲秦國變法圖強的商鞅，本名公孫鞅，是歷史上有名的才子，但卻差點被封建社會「以出身論人才」的偏見所埋沒和扼殺。

當時，魏國國君魏惠王在戰國諸雄四起中，很想圖謀一番作爲，因此也有招攬天下賢才之心，但卻常被人的表象蒙蔽，始終物色不到眞正賢能的人才。

他重用嫉妒賢才的龐涓，不分青紅皂白地將孫臏關入大牢，處以「臏刑」，後來孫臏施計圍魏救趙，在馬陵道設下埋伏殲滅魏軍，龐涓損兵折將十多萬，自己也葬身亂箭之中。

後來，魏國宰相公孫痤病危，魏惠王請他推薦後繼者，於是，公孫痤向魏惠王舉薦了自己的家臣公孫鞅，要魏惠王「以國事聽之」，重用公孫鞅。

然而，魏惠王因爲公孫鞅是家臣身份而看不起他，認爲公孫痤是病重胡言亂語。公孫痤死後，魏惠王非但不任用公孫鞅，反而聽信一些嫉妒賢能者的讒言，打算殺害他，公孫鞅只好連夜逃命投奔秦國。

公孫鞅一入秦，以霸道之說獻策於秦孝公。當時，秦孝公正想稱霸天下，公孫鞅所說正合其意，因此大爲賞識，並任命他爲宰相，讓他掌握軍政大權，實行變法。

公孫鞅在魏惠王的眼裡只是一個無足輕重的小人物，而秦孝公卻起用他掌管朝政，成爲一個讓秦國精勵圖治的「大人物」。特別是他實行的兩次變法，使秦國起了翻天覆地的根本性變化，奠定了秦國富強與統一天下的基礎。

公孫鞅個人價值前後截然不同的鮮明對比，緣於魏惠王和秦孝公對於他的出身，有著迥然不同的態度。

其實，除了一些生長在富貴人家的人以外，有真才實學的人，在他們的才華尚未被發現或未成名時，一般都處於社會的底層，甚至處於三餐不繼的貧困境地。

因此，貧困或出身低微，並不能說明一個人是否有才能。

以出身來論人，有才之士往往會被看成是無才之輩，魏惠王就是憑地位高低來看人論人，所以才會看不起公孫鞅，不知善用他的才華，形同將他「輸送」到秦國，最後自食苦果。

有許多人喜歡以出身評斷一個人，這是選才的大忌。必須記住，梅花香氣來自苦寒，溫室雖好，卻培育不出蒼松翠柏。

厚黑智典

不要讓你討厭的部屬繼續蹲在你的公司，難道你就不能運用一點智慧把這些畜生趕走？

——企業家維克多．凱姆

鼓勵下屬提出自己的構想

鼓勵下屬提出自己的構想，不僅可以使他們有一種參與管理的感覺，而且，往往能給企業帶來一種蓬勃向上、開拓進取的風氣。

有句說俗話：「三個臭皮匠，勝過一個諸葛亮」，鼓勵下屬提出自己的構想，不僅可以使他們有一種參與管理的感覺，而且，往往能借用他們集思廣益的智慧，給企業帶來一種蓬勃向上、開拓進取的風氣。

某家企業專門設置了一個特殊的部門，所屬員工的任務就是奉命在商場和消費者之間閒逛。一開始，員工們頗不理解，認爲這是浪費金錢和人力，但是公司總裁卻極力支持這項構想，並對提出該建議的員工予以重賞，因爲他認爲這位員工所提的建議非常積極。

提出這項構想的員工當時的想法是，如果一個企業只埋頭於生產，員工只是坐在辦公室裡，未必就能瞭解市場的需要，而如果員工能夠走到大街上去，和消費者們進行直接接觸，並聽取他們的意見，根據他們的需求來改進和創造新的商品，這樣，就會比單純的調查問卷或消費者事後的反應，要有效、主動得多。

看到了這個構想的新穎之處，總裁才力排眾議，不僅把這個構想付諸實現，還讓這個提出建議的員工，擔任具體實施的負責人。

有句說俗話：「三個臭皮匠，勝過一個諸葛亮」，鼓勵下屬提出自己的構想，不僅可以使他們有一種參與管理的感覺，而且，往往能借用他們集思廣益的智慧，給企業帶來一種蓬勃向上、開拓進取的風氣。

上述的例子，關鍵並不是這項建議所帶來的經濟效益，而是這項建議爲公司帶來一種新的氛圍。

它反映了該公司總裁樂於聽取員工建議的心胸，爲企業今後的群策群力，提供了堅實的基礎和最好的範例。他鼓舞著其他的員工在工作中充分發揮自己的大腦，爲企業的發展與繁榮獻計獻策。

在激發下屬的積極性和主動性方面，一定要特別注意充分發揮自己副職的作用，副職的積極性和主動性如何，對於公司發展非常重要。

有些公司，正職和副職的關係是非常不協調，彼此爭權奪利，正職害怕副職取而代之，時刻提防著，或拉攏一個副職來牽制另一個。而副職又由於想爬上更高位，也以組織派系的方式來對付，或事事謹慎，只求明哲保身。這樣的正、副職關係，能把應該做的工作做好嗎？能有足夠的威信來領導下屬嗎？

因此，領導者如果一心想把自己的工作做好，把自己的事業擴大，就一定得和自己的副職關係和諧，而不能把他們看做一個無形的威脅，一定要充分信任他們，給他們實權，讓他們發揮應有的積極性和主動性。

厚黑智典

想盡辦法把你找到的最優秀人才留在身邊，授與他們權力，不要加以干涉。

——美國前總統雷根

哪些「人才」絕對不能用？

權力慾望太強的人，滿腹野心和計劃，任何人阻礙了他們的野心和計劃，都會使他們暴跳如雷，並且不擇手段地去清除。

歌德曾經寫道：「我的成功之道只有一條，那就是伸手去收割旁人替我播種的莊稼而已。」

想成爲一個卓越的領導者，必須懂得如何讓屬下爲你兩肋插刀，熟諳用人做事必須知道的厚黑法則，把部屬變成自己隨時可以活用的助力。

一個領導人在不拘一格選用各方面的人才爲自己謀求最大利益之時，千萬不可忘記，以下幾種人絕對不可擢用，否則就會自食惡果。

・諂媚拍馬的人不可用

喜歡逢迎拍馬的人，常常會說假話來迎合領導者，吹牛拍馬本身就是一種欺騙性質濃厚的行爲或手段。

他們之所以不惜屈尊對上司牛拍馬逢迎，或是爲了自己的升遷，或是爲了環境條件的改善，或是爲了借上司的信任和威風來擴大自己的尊嚴，所有這些需求都有賴上司來成全。

上司在他們的眼裡，成了他們能夠達到自己目的的「希望之樹」，所以除了千方百計設法吹捧上司外，他們別無他途。

這種人說的是一套，做的又是另外一套，表面上唯命是從，實際上暗藏禍心。「笑裡藏刀」是對這種人最準確的描述，吹牛拍馬盛行下去，勢必弄得眞假難辨、是非不分、壞人吃香、好人受氣、正氣不能發揚、邪氣氾濫成災、工作難以開展，職員的積極性不能很好地發揮。

說假話的人，實際上是害人又害己。說假話的行爲本身，首先是糟蹋了自己的心靈，當假話傳到了聽話者的耳裡，更是禍患無窮。

聽假話的人上了當，受了騙，痛定思痛，清醒過來，就將對說假話者不再信任。俗話說：「騙人一次，終身無友」，愛說假話的人和喜歡拍馬逢迎的人，最後總是把自己弄得聲名掃地。

‧四平八穩的人不可重用

四平八穩的人處世輕鬆，滿不在乎，心眼不壞，也有若干工作能力。這種人確實是相當有能力的表演者，値得小企業雇用。但是，這種人缺乏做大事所必須的幹勁和創造力。

這種人在工作上沒有求新求變的熱情，不會爲前人沒有做過的事而去冒險，對外界的刺激並不敏感，甚至處之泰然。

他們工作之時，只希望能有現成的答案，爲了自己的生活或生存，只想獲取一個舒適的職位罷了，根本不可能與別人競爭、比賽，一遇到偶然發生的大事時，便會陣腳大亂。

這種人的處世哲學是「明哲保身」，誰也不得罪，一言一行都是很有分寸的，決不會越雷池一步。

他們可以在很短的時間內贏得上司和同事的好感或尊重，但是，在現代經濟競爭十分激烈、產品瞬息萬變的環境下，這種人一般難有用武之地。

‧投機的人不可選

投機者善於察言觀色，把自己視爲商品，試圖在人力才市場上賣個更好的價錢，好在工作上討價還價。

他們常常利用到別家廠商應徵，對目前雇用他們的公司施加壓力，以使該公司的領導者給他們晉升或加薪的機會。

他們試圖利用「被別家企業錄用」的名義，來加速他們在原來公司的職位發展。而且，這種唬人的詭計通常能得逞，特別是這家新企業恰好是這種投機者受雇公司的競爭者時。

‧嫉妒心太強的人不可取

對於被嫉妒的人而言，嫉妒有時是一種價值的側面肯定，也是另一種方式的讚揚，在大多數情況下並不構成實質性的傷害。因此，古人說：「寧可被人妒，而不可被人欺。」

儘管我們可以把「遭人嫉妒」視爲人生的附加價值，但是，嫉妒心太強的人總是在強者中尋找對象，他們不會盯住一個來日無多的老者，也不會在乎一個窮困潦倒的才子，而總是與正處於最佳創造狀態的對象過不去。

在一個團隊裡，適當的嫉妒不可全無，在某種程度上，嫉妒是催人奮發向上的一種動力，沒有嫉妒就沒有競爭，也就沒有了刺激與動力。

但是，嫉妒心太強，就會使感受機制失靈，判斷機制失調，審美機制顛倒。人一旦陷入了嫉妒的深淵，就變成了半個傻子，頻頻用伶牙俐齒來作賤自己和別人。

・患有權力狂的人不可選

對於一個領導者來說，患有權力狂的人不可任用，至少不可重用。

常言道：「一山難容二虎」，權力慾望過強過盛的人，爲了爭權奪利，會不擇手段去算計別人，特別是自己的上司或領導者。

他們渾身上下都散發著一股野新勃勃的氣味，也時刻不忘在別人面前顯示自己與眾不同的能力。

這種人一旦下定決心，就一定要爬到最高層的位置上，不達到自己的目的，絕對不肯罷休。

儘管他們或許對工作盡心盡力，甚至無須要別人監督，但是他們對權力的慾望早已超過了對工作的熱情。

或許可以這麼說，他們把自己在權力上的成功，當作了自己唯一的使命和目標，並且常懷著這種使命性和熱情，在眾人面前努力表現自己。他們的能力和工作業績，只是爲了達到功成名就的點綴和裝飾。

這種人幾乎沒有愛好，凡是要花費時間的嗜好，他們一概不感興趣。這種權力慾望太強的人，滿腹野心和計劃，任何人阻礙了他們的野心和計劃，都會使他們暴跳如雷，並且不擇手段地去清除。這種人，只有在他們不能動彈的那一刻，才會停止他們追求權力的腳步。

要記住，這種人的本性是極爲自私的，當集體的利益和他個人的利益衝突時，他們會不顧一切地選擇後者。

・愛慕虛榮者不可選

愛慕虛榮的人，總是渴望自己是富人和名人的好朋友。這種人總會有意無意地在別人面前標榜自己與許多有權有勢的人往來密切，即使他所說的名人和富人和他僅有一面之緣而已。

他們把這種自我標榜當成了取悅上司、謀求私利的手段和法寶。

這種人總是擔心別人對他們的評價，甚至別人一個不經意的眼色，都會被他們認爲是對自己能力的嘲弄。

因此，在許多時候，他們總不忘使出渾身解數，試圖要使人相信他們是當總經理或做大官的好材料。當事與願違的時候，就會毫不猶豫地對別人的能力與人格進行情緒性的侮辱。

他們的邏輯是：只要自己當了總經理，有那麼多社會名流、政府要員與他交往，何愁企業不能發達起來？

這種人其實沒有多大的眞本事，他們喜歡吹噓自己與社會名流的關係，實際上是他們心虛軟弱的表現。

然而，吹噓畢竟只是吹噓，一旦剝去了虛僞的外裝，必然信譽全失，遭人白眼。他們的下場，只是自食其苦果。

厚黑智典

優秀的領導者好比是交響樂團的指揮，透過他的努力、想像和指揮，使整個樂團進行精采演出。

——管理學家德魯克

多找幾個人來唱反調

許多人在上司面前，都喜歡講上司喜歡聽的話，從而造成逢迎拍馬的惡習。為了避免這種情形，應該在身邊部署幾個專門唱反調的人。

杜馬先生在開始他的汽車代理業務之時，對這一行業還一竅不通，於是，他聘用了一位大汽車廠的經理來替他經營，並且相信這位先生是這一行業的專家。

不幸的是，這位先生對汽車的瞭解是站在一個製造商的角度，而非推銷的角度。他從未賣過汽車，並且習慣於擔任擁有一大群下屬供其發號施令的部門經理，所以不習慣於在艱難中創業。

更糟糕的是，他極容易接受製造商的意見，但是在汽車行業，經銷商有時必須與製造商進行激烈的較量，才能拿到搶手貨。在這種情況下，他的這一態度可以說是致命的弱點。

還有，這位經理不習慣於控制開銷，精簡人事。

杜馬後來聘請了一位與汽車行業不相干的精明能幹商人，此人曾經管理過自己的生意，非常瞭解公司的管理費用，對降低成本很有心得。這個人絕不因爲別人說一句：「我們一向都是這麼做的」，就照做不誤，一定會想辦法另闢蹊徑。結果，公司的業務迅速發展起來。

領導者身邊要經常保留幾個敢說眞話的人。在決策的過程，如果所有參與的人全是一個論調，沒有任何不同意見，就不可能做出正確的決定。

事實上，許多人在上司面前，都喜歡講上司喜歡聽的話，從而造成逢迎拍馬的惡習。爲了避免這種情形，應該在身邊部署幾個專門唱反調的人，他們不會輕易承認事物表面價值，而且於提出不同意見，從而帶動大家暢所欲言。

領導者也必須選一個能聽你訴苦的人。

領導者選用身邊的工作人員，並不是要求每一個人都精明能幹，而應根據工作的不同需要，分別選用不同的人才，從而將不同類型的人組合成一個有效率的團隊。

有時候，找一個能聽你訴苦的部屬，也是必要的。

在現代社會，生活節奏加快，競爭壓力大，每一個領導者都有一本難唸的經。這種苦悶和壓抑鬱積於心，長年累月，便會導致神經失常。找一個能訴苦的部下以傾訴心中的苦悶，便可以大大減輕領導者精神上的壓力。

厚黑智典

你不能經由敲部屬的腦袋來領導他們，那只能稱作襲擊，而不算是領導。

——美國總統艾森豪

沒有伯樂就沒有千里馬

人才是國家、團體、企業存在與發展的根本。一支同心同德、榮辱與共的團隊才會擁有無堅不摧的威力。

「世有伯樂，然後才有千里馬。千里馬常有，而伯樂不常有。」這是唐代大文學家韓愈所說的至理名言。

唯有善於相馬的伯樂，才能使日行千里的名駒不至辱於奴隸之手、駢死於槽櫪之間，只可惜世間的伯樂太少。

戰國末期，屈原曾以駿馬自居，感歎楚國朝野無人瞭解他，大嘆「伯樂既沒，驥焉呈兮」，意即伯樂死後，還有誰能識別駿馬呢？

世上一旦沒有伯樂，人才就不得適才適用。伯樂之所以偉大，並且千百年來為世人所傳頌、懷念，正是這個緣故。

只有賢人才瞭解賢人，聖明的人才瞭解聖明的人，平庸之人又怎能夠瞭解傑出的人物呢？這也難怪率先揭竿起義想要推翻秦朝的陳勝，不禁要感慨說：「燕雀安知鴻鵠之志哉？」

賢人終究要賢人去發現，平凡的人難以發現傑出的英才。

世間的人才，通常都不是無瑕的完人，而是各有自己的優點和缺點，長處與短處。想要發掘人才，必須拋棄論資排輩的偏見，排除個人主觀的好惡，不拘一格地拔擢。

如果能做到如此，就不會因爲與人才擦肩而過，賢才就會脫穎而出。

人才是國家、團體、企業存在與發展的根本。一支同心同德、榮辱與共的團隊，才會擁有無堅不摧的威力。

善待人才，是識才用才的重要原則。俗話說：「光桿司令打不了江山」，沒有賢能的人才全心全意並肩作戰，公司如何能賺大錢？又如何在競爭殘酷的商場中所向披靡呢？

推薦賢才的人，不僅要有識人之明，而且要有薦賢的器量，不嫉妒賢才，爲賢才開路。從這個意義上說，能推薦賢才的人本身就是賢才。

許多歷史的例證都說明，正因爲有推薦賢才的賢才，才能出現不少聞名於世的雄才大智，那些推薦賢才的人，也同樣名垂青史，爲後人所稱頌。

厚黑智典

許多喜歡休閒的人把自己的工作視為災難，那是因為他們往往處於社會的最底層，而且也會一直持續下去。

——管理學家查爾斯·漢迪

要有為賢才開路的心胸

推薦賢人的人不僅要有知人之明，而且要有薦賢之德，不嫉妒賢才，要有為賢才開路的心胸，從這個意義上說，能夠推薦賢才的人，本身就是難得的賢才。

漢朝開國元勳韓信頗有軍事天分，曾爲劉氏江山立下了顯赫戰功，後來因爲圖謀叛變而遭到誅殺，一生可謂「成也蕭何，敗也蕭何」。

韓信出身貧寒家庭，起先在項羽軍隊裡當兵，並未獲重視，後來投奔劉邦陣營，開始也只當個治粟都尉，掌管糧草方面的事宜。

蕭何仔細觀察後，發現韓信是一個不可多得的將才，於是向劉邦大力推薦。

劉邦開始並不以爲然，一再藉故推託，使得韓信感覺自己不獲重視，曾經趁著黑夜棄職離去。

蕭何得知後，急忙騎上快馬將韓信追了回來。事後，蕭何對劉邦說：「有才不知，知而不用，怎能成就大事？」

經過蕭何一番勸說，劉邦終於答應起用韓信，拜他為大將。

蕭何又對劉邦說：「登台拜將是一件大事，萬萬不可草率，要鄭重地選擇吉日良時，修築拜將台，舉行拜將儀式，既表示對韓信的信任，又說明你禮賢下士，天下人才才會聞風來歸。」

劉邦採納了蕭何的建議，為韓信舉行了一場極為隆重的拜將儀式。此舉不僅使韓信大為感動，而且也鼓舞了其他有才之士紛紛投奔漢營。

識才誠然不易，舉薦人才也不是易事，只有獨具慧眼、胸襟寬闊的人才能辨識人才，舉薦人才。

因為，身懷天賦異稟的人，在未露鋒芒的時候，往往不為世人所知，或知之甚少。如果已經鋒芒畢露，展現過人才華，則往往遭致嫉妒賢才的人忌恨，無所不用其極地加以詆謗誣陷，惟恐其超過自己，或取代自己。

有勇於推薦賢才的人，才能出現聞名於世的奇人異士，那些推薦賢才的人，最後往往也和賢才一樣名垂青史，爲後人所稱頌。

在歷史上，這方面的經典範例爲數不少。

例如，提出「進化論」的達爾文就讀康橋神學院時，成績乏善可陳。很多人認爲，他智力在普通人之下，是一個相當平庸的學生，但是，植物學教授漢羅卻看出達爾文有著極爲特殊的才能。

漢羅教授特別器重達爾文的觀察力和獨立思考的特質，於是，極力推薦他隨貝格爾艦進行環球科學考察，從而使他從一個「平庸」的學生，搖身變爲舉世聞名的科學家。

一八八四年，湯姆遜主持的卡文迪許實驗所招收研究生，這是世界研究生招收制度的開端。在湯姆遜招收的第一批研究生當中，有一個農民模樣的紐西蘭青年，名叫盧瑟福。湯姆遜很快就發現了盧瑟福的傑出才華，於是舉薦他出任加拿大克吉爾大學的物理教授。

一九〇八年盧瑟福獲得了諾貝爾獎金。一九一九年，湯姆遜熱情邀請盧瑟福前來卡文迪許實驗室擔任主任，自己則毅然讓賢。湯姆遜爲人才開路的高貴品質，在科學界深獲讚揚。

在中國現代文學史上，魯迅曾舉薦了蕭紅、蕭軍、柔石、葉紫……等傑出作家。趙樹理則對陳登科一篇錯別字連篇的稿子格外器重，從中發現了作者未經雕琢的傑出文學才華。

此外，名畫家徐悲鴻也曾慧眼識英雄，在某次國畫展覽會上發掘了齊白石，使齊白石得以在六十歲高齡稱雄畫壇。

厚黑智典

領導能力是當今世界最需要的，遠遠超過大量的砲艦和會議桌上堅硬的拳頭。

——哈伯特·漢弗萊

你需要哪種銷售員？

推銷教育專家高曼說，選擇推銷員時，首先應該深入分析，公司到底需要何種類型的人才來擔任推銷工作，並觀察哪些人擁有這種人才的特點和條件。

選擇推銷員，對企業來說是相當重要的事情。在選擇推銷員時，不妨從以下幾個方面來衡量，被你選中的人是否具有這些素質——要有豐富的推銷經驗，有相當高的教育程度，又有出色的智力。

一般而言，書生氣十足的書呆子，是不可能具有這些素質的。

智力對於推銷工作來說，是獲得成功的重要條件，但是不必要求過高，因爲，如果他是一個智力高超的人，就不會安分地替你做推銷工作了，很可能選擇辭職，然後自行創業。

在選擇推銷員時，還要注意選擇的對象，要能安於推銷工作，能夠吃苦耐勞，以保持人員的穩定性。如果經常更換推銷員，永遠是新手來做推銷工作，企業就會受到極大的損失。

被選擇的對象，應該具備很強的事業心，把光大企業作爲自己的奮鬥目標，爲了達到這個目標甘願吃苦，即便是從每天清晨八點登門拜訪第一個顧客起，一直跑到晚上十點，也毫無怨言。

優推銷員還要具備對企業忠誠的素質，他應該是一個忠誠老實的人，而且要憑著這種忠誠去感動他的推銷對象。

推銷員選擇好了之後，就要對他們進行培訓，使他們克服一些「不良習性」，例如過分體貼同情顧客，辦事說話缺乏彈性，不樂意做推銷工作……等。

推銷教育專家高曼說，選擇推銷員時，首先應該深入分析，公司到底需要何種類型的人才來擔任推銷工作，並觀察哪些人擁有這種人才的特點和條件。

高曼在日內瓦開設了一家專門訓練推銷員的公司。在這裡接受培訓的，是來自各個國家的大約八千個大企業的幾十萬名推銷員。由此可見，對推銷員，不僅要重

「選拔」，而且還要重「培訓」。

高曼強調，訓練銷售員，並不是要輕視傳統和習俗，而是希望銷售員不要一味消極地接受現實，而是能夠對環境進行挑戰。

總的來說，公司所招聘的銷售員，一定要眞正能發揮所用。這一點，對於每一個公司或單位在聘用人才時，都是適用的。

厚黑智典

世界上有兩根槓桿可以驅使人們的行動：利益和恐懼。

——拿破崙

如何挑選精明能幹的秘書？

選擇的秘書得當，可以給領導者很大的幫助，有利於成就一番事業；倘若選擇得不當，不但對事業不利，甚至會影響領導者家庭的幸福美滿。

大多數的領導者，身邊都有幫自己處理日常事務的秘書。一個領導人，工作上最親密的戰友莫過於他的秘書了，最得力的助手也非秘書莫屬。

許多管理者心目中都誤以為，秘書的工作不外乎接聽電話、接待來訪客、安排行程、速記與管理檔案等。

固然這些工作都屬於秘書的職務範圍，但是，一個優秀的秘書所能履行與應該負責的工作，並不侷限於這些。

美國的「全國秘書協會」曾經給秘書下過更積極的定義：「秘書即是行政助理，

必須具有處理辦公室事務的技能，而且在無直接監督的情況下，足以承擔責任，能運用自發力和判斷力，以及在領導者授權許可範圍內有能力制定決策。」

由該定義可知，秘書其實是身分特殊的幕僚人員。秘書的特殊身分，通常表現在他與管理者緊密的工作搭配上。

秘書選用得好不好，與一個領導者的作爲，和整個經營團隊的振興與否，有莫大的關聯。所以，在選擇秘書的時候，不得不以更謹慎的態度進行。

選擇秘書之時，一般應該由領導者親自進行。其他下屬或許能代勞做好這個工作，但是稍有偏差，就會造成不必要的困擾。事實上，一個英明的領導者絕不會因爲自己抽不出時間，而放棄對親自選擇秘書的機會。

選擇的秘書得當，可以給領導者很大的幫助，有利於成就一番事業；倘若選擇得不當，不但對事業不利，甚至會影響領導者家庭的幸福美滿。

那麼，在選擇秘書時，應該注意哪些問題呢？

1. 太漂亮的秘書一般不適合任用。

有許多素質低、慾望高的領導人，往往在女孩的相貌上給予過多關注。一見到長相艷麗、身材姣好的女孩子，便不管她的才能如何，迫不及待錄用爲自己的秘書，整日神采奕奕，自認在美女的輝映下容光煥發。

殊不知，時日一久就難以自持，不知不覺對女秘書產生愛慕之情，而且越陷越深，不但影響自己的工作和事業，甚至毀壞了美好的家庭。

至於女秘書，則可能由於老闆的愛慕，難免心生驕縱，狐假虎威。這樣一來，即使是再好的公司，也會江河日下，最終倒閉。

2.已婚的女性一般不適合任用。

由於已婚女性有夫有家也有孩子，舉凡家庭中的吃穿住行，都是她每天要操心的事。今天惦記丈夫還會不會到外頭尋歡作樂，明天掛念孩子在學校裡的成績怎麼比不上人家，下班時間未到，心裡就盤算著回家時該順便買些什麼東西，或者擔心下班晚了，家裡無人做飯，媒人照顧孩子……

總之，大部分已婚女士的精力難以全部集中到工作上去，因此，在選用秘書時，最好選擇單身女性。

3.脾氣不好的人不該選用。

秘書是與自己接觸最頻繁的人，如果秘書的脾氣不好，將影響自己的工作心情，和兩人彼此間的配合度。

身為一個秘書，舉止必須謙恭，待人接物要溫和有禮，脾氣不好的人會經常與週遭的同事發生不必要的爭執，不僅破壞辦公室的和諧氣氛，更將使領導者疲於排解紛爭，形同累贅。

4.記憶差的人不適合選用。

假如她整天丟三落四，今天忘了告訴老闆有人求見，明天忘了準備老闆交代要召開的一個會議，甚至連老闆馬上就要做報告的講話稿都弄丟了。選用了這樣的秘書，大量的資訊和大批的人名，她如何應付得了？

5. 不注重儀表的不適合選用。

女秘書的儀表非常重要，如果她不修邊幅，穿著隨便，會使人對她的老闆印象也大打折扣。秘書應該注重儀表、大方得體、恰如其分，但又不應過於新潮，打扮不要妖艷。

最後有一點要特別說明。現在，人們一提起「秘書」，腦海裡就浮現出這樣的形象：她是一位的女士。

其實，能符合「秘書」定義的要求者並不限於女性，有跡象顯示，越來越多的男士樂意擔任秘書職務，跨入了秘書隊伍。所以，在選擇秘書的視野中，不要忽視了男性的身影。

厚黑智典

要讓你的員工知道，他們正在和中國大陸數億名廉價勞工競爭，今天不肯努力工作，明天就會失去工作。——企業家維克多．凱姆

2

PART

把人才巧妙地組合起來

劉邦是一個「有效的管理者」。以單方面的才能而論，劉邦與他的部屬相比遜色不少，但他能夠恰當地使用部屬，把他們巧妙地組合在一起，人盡其才的結果，最後一舉奪得天下。

別讓自己成為人才「輸出國」

假如有才能的人得不到重用，甚至被壓制被打擊，那麼勢必會讓小人橫行無阻。一旦沒有盡忠職守、赤誠無私的賢人鼎力相助，不論是國家或企業就必敗無疑。

古人曾說過一句寓意深遠的話：「玉石相類者，唯良工能識之。」

意思是說，美玉和頑石的外觀頗爲相像，一般人很難加以辨認，只有鑑賞力精良的優秀工匠，才能識別它們的區別。

從識才的角度來說也是如此，只有具備遠見卓識的人，才能從平凡的人群中發現人才，將他們變成自己成功立業的助力。

美玉沒有開剖雕琢之前與礫石混在一起，外表如同一類；千里馬在沒有奔跑之前，與普通的馬混在一起，難以分出好壞，這時就需要良工巧匠去鑑別。實際上，這也一定程度地說明了識別人才的不易，因爲在一個社會中，畢竟精於識馬的「伯樂」有如鳳毛麟角。

識才不易，倘使知才而不加善用，無疑是極大浪費，不僅造成人才大量外流，更是國家和企業的不祥之兆。

國家有賢才施政，方能春秋鼎盛，社會必須依靠賢才治理，百姓才能安居樂業。但是，在歷史和現實中，最常出現的情況是，賢能的人才想爲國家社會效力，卻因爲沒有識賢的人推薦，或得不到重用，結果不是被埋沒，就是遭到排擠。

項羽之所以在楚漢相爭中落得四面楚歌、自刎烏江的下場，並不在於他本人不才，也不在於他手下沒有輔佐他的賢才能人，而是因爲他身邊的人才得不到重用，紛紛選擇離他而去。

戰國後期的六國之所以走向滅亡，並不是因爲缺乏傑出的人才，而是六國國政遭到昏庸的親族把持，賢才屢屢遭到壓制，甚至驅逐或冤殺。

六國國君所器重的人，主要是各國的皇親國戚，其中最出名的便是所謂的「戰國四公子」。「戰國四公子」中，除了魏國的信陵君較有作爲之外，其他三人其實並無經國之才。

四公子都以養士聞名於世，但他們所養的食客當中很少有傑出的人才。例如，齊國的孟嘗君號稱食客三千，但是他所養的門客當中，最爲後人所稱道的，竟然是雞鳴狗盜之徒和建議「狡兔三窟」的馮諼。

趙國平原君的賓客當中，儘管有一個登門自薦的毛遂，但他的貢獻並不大。平原君只不過是一個「翩翩公子」，後來利令智昏，在長平之戰中遭到秦國坑殺，損兵十幾萬人。

楚國的春中君是個優柔寡斷的人，因爲不懂得識人之道，後來被他的親信所殺，司馬遷對他的評語是「當斷不斷，反受其亂」。

只有魏國的信陵君堪稱是一個傑出的將才，曾經率領五國聯軍大敗秦國，使秦兵不敢再出函谷關。

但這位難得的將才，最終卻因秦國使出反間計，結果被魏王剝奪了兵權。信陵君由於得不到信任，最後鬱鬱寡歡地病亡。

隋煬帝楊廣是歷史上有名的暴君之一，他的特徵是專制、獨裁又殘暴。隋朝之所以快速滅亡，根本的原因在於賢人遭忌，奸人當道。

隋煬帝的用人原則是「順我者生，逆我者亡」，進忠言者殺，阿諛者升，左右最後只剩下一班專門逢迎拍馬的卑鄙小人。一些頗有才能的官員，懼憚於他的淫威，只好曲意奉承、百依百順，原來並非奸臣的，後來也成了為虎作倀的奸臣。

在一片阿諛奉承、歌功頌德之下，隋煬帝所犯的錯誤越來越大，暴行越來越多，最後十八路反王終於把這個獨夫暴君，推向了死亡的深淵。

歷史的教訓值得引以為鑑，發現賢才、能人應該感到高興，大膽任用才是。假如有才能的人得不到重用，甚至被壓制被打擊，那麼勢必會讓小人橫行無阻。一旦沒有盡忠職守、赤誠無私的賢人鼎力相助，不論是國家或企業就必敗無疑，至少成就不了什麼大事。

中國五千年歷史孕育出來的「帝王學」一再強調，國家的昌盛發達，明君聖主的太平治世，全仰賴忠臣的悉心輔助；英明帝王的成就，常常與對賢臣的知人善用息息相關。

同樣的道理，一個企業的振興，一個領導人的成功，大都是由於他的顧問、智囊、配角、秘書等下屬各盡所能地全力協助。

厚黑智典

一個人的地位取決於他的能力，一個人的報酬取決於他的工作績效。

——聖西門

把昨天的敵人，變成今天的朋友

唐太宗選用人才時不拘一格，是歷史上「選仇」的典型。正因為唐太宗不計嫌隙，廣羅俊秀，因而身邊人才濟濟，開創了有名的貞觀治世。

唐太宗身邊最著名的諫臣魏徵，曾在太子李建成麾下擔任太子洗馬。當李世民和李建成爲了帝位明爭暗鬥的時候，魏徵力勸李建成必須早作謀劃，李世民曾斥責他「離間我兄弟」。

後來，李建成在玄武門遭到襲殺，魏徵被五花大綁帶到金鑾殿，坐上皇位的李世民不計前嫌，親自爲他鬆綁，並加以重用，使得魏徵成了貞觀年代的傑出政治人物。這一事蹟傳爲千古美談。

風塵三俠中的「李藥師」李靖投效李世民之前曾在隋朝任職。

當時，李淵任太原留守，李靖觀察李淵所爲，知道他有奪取天下的野心，因此，打算到朝廷去告密。豈料，因爲道路阻塞，李靖尙未抵達長安，李淵已經揮師攻克長安，隨後捉住李靖，要將他斬殺。

李靖大呼說：「唐公起義兵除暴亂，不就是想要成就一番大事，爲何要以私怨斬殺勇將？」

李世民見李靖氣宇軒昂，是一名賢才良將，便緊急出面保釋他，並且加以重用。李靖後來爲李世民四出征暴伐亂，立下了不少功業，李世民即位後，被任命爲刑部尙書、兵部尙書。

此外，唐太宗也任用了政敵李建成的舊臣薛萬徹、韋挺……等人。

其中，薛萬徹曾經在唐高祖李淵的手下任車騎將軍，後來轉到李建成的門下。李世民襲殺李建成之後，將李建成的項上人頭掛出示衆，薛萬徹知道後，趕忙逃往終南山藏匿。

李世民多次派人到終南山搜尋，終於將薛萬徹找來，不但不加治罪，還封他爲將，後來又升任爲右衛將軍等重要職務。

唐太宗選用人才時不拘一格，有時也會大膽任用自己的仇敵，是歷史上「選仇」的典型。他選仇任仇的事例很多，開闊的胸襟頗爲歷代史學家所稱頌。

正因爲唐太宗有容乃大，不計嫌隙，廣羅俊秀，因而身邊人才濟濟，開創了有名的貞觀治世。

厚黑智典

如果你想要認真完成一項必要的事業，那麼你為人既要靈活，又要有一副鐵石心腸。

——格拉寧

「接班」何必非要自己人？

接班人選關係到公司基業能否持續蓬勃發展，要做到唯才是舉，不僅需要氣度和勇氣，更需要遠見卓識。

人活在世上，想要不受主觀的感情、好惡影響，並非容易之事。

人之所以成為萬物之靈，擁有豐富的感情是特徵之一。但是，感情若牽扯到公事上，就會成為事業繼續發展的障礙。反應在事業接班人的選擇上，就難免會因為私心而任用親人，無法做到用人唯賢。

例如，三國時代的劉備深恐自己死後，嫡子劉禪繼位不能駕馭養子劉封，便藉故將驍勇善戰的劉封殺了。然而，劉備寄以厚望的劉禪，卻庸碌不堪，斷送了劉備辛苦開創的江山。

又如，晉朝武帝司馬炎明知自己的兒子是個超級笨蛋，卻聽不進朝廷上下建議由賢明的司馬攸繼位的呼聲，一意孤行的結果是，笨蛋登基後任人擺佈，釀成「八王之亂」，並種下了西晉滅亡的禍根。

素有韓國「財經之父」稱譽的李秉傑，對於選擇接班人，曾經費煞一番苦心。李秉傑在考慮接班人選時，首先考慮的是性格和領導能力，因為接班人不只是繼承財產，更重要的是要發揮領導作用，凝聚員工的向心力。

他為了決定接班人選，很早就開始對幾個兒子進行考察，方法是選擇不同的企業讓他們去繼承、經營。

他先讓長子去經營幾家企業，然而，不到六個月，長子不僅把這些企業搞得一塌糊塗，而且對整個集團造成了巨大的危害。經過這番測試，長子知道自己的能力不行，不得不放棄繼承的夢想。

有了大哥的前車之鑑，二兒子主動向李秉傑提出，他希望只選擇自己感興趣的公司穩健經營，不想接管龐大的企業集團。

至於李秉傑的三兒子，曾先後在早稻田大學和華盛頓大學就讀企業管理科系，李秉傑爲了培養他的實際經營能力，便讓他參與第一線的經營實務，經過一段時間的訓練後，才確立了他的繼承人地位。

三兒子出任集團總裁後，充分顯露了他在經營管理方面的才華，光大了父親辛苦創立的基業。

正因爲在選擇接班人時唯才是舉，使李秉傑的事業得以持續欣欣向榮。

日本本田公司董事長本田宗一郎，在創業二十五年後，即他六十歲之時，自覺有必要讓賢，便毅然決然地把公司交給當時才四十五歲的河島喜好經營。十年後，河島又把接力棒傳給了五十三歲的舊未是芝。

本田宗一郎、河島喜好、舊未是芝三個人，奠定了本田汽車事業的基礎，使本田繼豐田、日產之後，登上了日本汽車業的第三把交椅。

最難能可貴的是，本田宗一郎從來沒有想過要由他的兒子來接手他的事業。爲了讓賢，讓年輕一輩有更多揮舞的空間，他甚至用親情加眼淚，勸說擔任該公司常務董事的弟弟，和他一起退休。

一個人的親友畢竟有限，在極爲有限的數量中挑選接班人，必然常常選出庸才。

任用親人還會導致整個公司人心渙散，向心力降低。

接班人選關係到公司基業能否持續蓬勃發展，要做到唯才是舉，不僅需要氣度和勇氣，更需要遠見卓識。

厚黑智典

管理的所有假設都是以做事為中心，聘用人員的唯一目的就是他們能夠做事，但是，他們卻老是做著不重要的事。

——管理學家理察德．帕斯卡

建立「你就是公司」的團隊精神

一個企業的團隊精神必須有自身的特點，不能移植、複製，更不能趕時髦。因為，團隊精神既是一種自身的狀態和氣質，更是一種人人參與的過程。

一個人只有站得更高，才能看得越遠。

領導者有責任把企業的宏大規劃、發展遠景引入企業文化中，激勵整個群體為實現這個理想而奮鬥。

在現代商戰社會中，一個沒有遠見、沒有遠景目標規劃的企業，是走不了遠路的，也不可能凝聚企業員工的心靈和力量。

事實上，領導人所能做出的貢獻中，除了不斷增加企業的利潤外，就是建立和闡明一種屬於自己企業的價值觀體系，並且不斷為它注入新的生命力。

因爲，企業倘使沒有自己的企業文化和價值觀，員工就不會有認同感和榮譽感，縱使不斷爲員工們加薪，也不一定能使他們對企業有長久的好感，或是對企業發展深感認同。

在這方面，日本的本田公司是一個最成功的例子。本田公司的員工無論是在下班途中，還是旅遊在外，只要看見路邊有自己公司生產的車，就會情不自禁地向旁人介紹說：「這是我們生產出來的車子。」要是看到本田車有了毛病，他們就一定會坐立不安、過意不去。

這一切，都是本田公司推動和建立企業的價值觀後的成果，它把每一個員工和下屬都看做是一個能獨立思考的人，也使每一個員工都把企業都當成了自己的家，願意竭盡自己的力量，去維護企業的形象和名聲。

當然，領導者要把對下屬的激勵與實現公司目標聯繫起來，使下屬們對公司的目標一致認同，而不是爲了激勵而激勵。

激勵是讓使下屬的自我成就感得到滿足，並且應該是在實現公司的目標中產生。這種激勵也可以採取多種形式，有精神的，也有物質的，雙管齊下。

但遺憾的是，眞正能徹底實行的卻寥寥無幾。

總之，領導者如何帶領下屬是很重要的，有魅力的領導者會爲下屬們勾勒一個精密的具體理想或目標，以激勵大家的士氣。

而沒有魅力的領導則很難向部下們展示一幅令下屬心動的前景，讓人覺得追隨他沒有前途，就像在一片沙漠裡爬行。

領導要注意的是，必須能清楚地瞭解大家的期待，要有清晰的思路和具體的計劃。只有這樣，才能激勵下屬們爲共同夢想和期待而努力，才能養成爲共同目標奮鬥的團隊精神。

當然，培育、建立企業的團隊精神不是一朝一夕之事，它是一個長期的工程，它由兩個部分組成：

一是共同的企業價值觀。

它的目的是給員工們一個價值參照，使員工不論在在什麼情況下，都能明確知道自己應該做什麼，以及怎麼做。

例如，惠普公司就有著「你就是公司」的價值觀，激勵著每一個惠普人忘我的工作，因此，在炎熱的夏天，爲了防止機器過熱而出現故障，惠普員工會讓冷氣吹向機器，而不是自己。

另外，美國的索沃馬公司曾經流傳一段佳話。有一次，該公司花費了幾萬美元拍攝器皿商品的型錄封面照片。照片拍好後，該公司創始人來到拍攝現場，當他發現器皿中的蛋糕有異味時，馬上決定重拍——因爲索沃馬公司絕不用味道不好的蛋糕做商品型錄封面。

儘管味道不好，消費者用視覺無法看出，公司還是不惜耗費幾萬美元。這就是該公司深獲消費者認同的價值觀。

二是決策層的凝聚力。

企業決策者、領導層是團隊的龍頭，所發揮出的力量是無可限量的。通用電器、可口可樂、松下、新力……等跨國大企業共通的特質就是，這些企業都有著相當團結的領導班子。

因爲，決策階層就是團隊的權力核心，決策階層的戰鬥力往往決定著企業團隊精神的衝擊力。

不過，要注意的是，一個企業的團隊精神必須有自身的特點，不能移植、複製，更不能一味趕時髦。因爲，團隊精神既是一種自身的狀態和氣質，更是一種人人參與的過程。

厚黑智典

一個在辦公室無所事事的人，不管他是老闆還是員工，都將是你難以理解而且感到厭惡的人。

——企業家維克多．凱姆

檢驗用人能力的九大原則

一個企業或團體，是由許多個體組成的，想要蓬勃發展，畢竟需要眾人群策群力發揮各自的才能。因此，領導人平日就必須與部屬保持密切的聯繫，時刻傾聽他們的心聲。

想要識人，必須先知己，知己方能識人。想要成爲頂尖的領導人，不妨用下面所提供的問題來檢驗自己，認識自己。

・你是否將所有的權力一把抓？

不管多麼優異，一個人的精力和能力總有一定限度。作爲一個領導者，要充分發揮部屬的才華，而不能存有不切實際的虛榮心，老是想憑個人的能力做出「驚人之舉」，試圖在下屬面前樹立自己的威信。

除此之外，對於不是直屬的員工提出的要求，不能輕易允諾，甚至有求必應，否則，你就會陷入應接不暇的境地，結果問題不僅沒有解決好，反而令下屬對你抱怨連連。

這種做法，不僅會破壞分層領導的原則，造成有關部門的職權被剝削，正常的工作秩序變得混亂不堪，同時也會嚴重地挫傷了直屬幹部的積極性，使他們認爲：「既然你一個人可以包山包海，還要我們幹什麼？」

• 你是否能夠傾聽下屬的心聲？

一個企業或團體，是由許多個體組成的，想要蓬勃發展，畢竟需要衆人群策群力發揮各自的才能。因此，領導人平日就必須與部屬保持密切的聯繫，時刻傾聽他們的心聲和想法。

衆人支持的主意才是好的主意，衆人擁護的決策才是正確的決策。所以，領導者應該經常與部屬相處，關心他們的想法，體察他們的心情。唯有如此，才能得到部屬的擁護和支援。

・你是否有明確的工作目標？

目標能統一思想、鼓舞士氣、激勵鬥志，使得部屬心往同一處想，勁往同一處使，同心同力地爲相同的目標奮鬥。

目標明確，才能根據這個主題籌劃其他工作，例如建立或調整運作機制；倘使目標不明確的話，一切工作將失去方向和歸屬，部屬就會在奮力向前的道路上感到困惑而左右搖擺，領導人自己也會因爲缺乏明確目標而盲目行事。

制定目標的明確，還能把全體員工肩負的任務從模糊化爲清晰，從抽象變爲具體，責任權利更加分明，既便於領導人約束自己，也便於指導別人，同時又爲自己進行考核評鑑時，提供了重要的參考依據。

・你是否做到廉潔自持、賞罰分明？

廉潔自持，不貪不取，是一個領導者的成功之鑰，也是一個企業或團體永續發展的基本條件。

員工最痛恨的是中飽私囊、假公濟私的上司，一旦貪婪的人把持大局，勢必軍心渙散、下屬爭相效尤，又怎能招攬到賢才繁榮大業呢？

至於賞罰分明，則是領導者用人的重要法則，許許多多的歷史事實都告訴我們賞罰分明的重要性。

有功不賞，勢必衆叛親離，特別是造成有才華又奮發向上的人掛冠求去。

大多數人都會以獲得獎賞的多寡，來衡量上司對自己的重視與信任程度，倘若有功不賞，必定會被解釋成不被重視、不受信任，從而產生委屈的心理，選擇另投明主。因此，對於有特殊貢獻的人，還應該給予特殊的獎勵。

此外，該罰則罰，對犯下過失的人給予適度懲罰，可以讓當事者明白自己犯了錯誤，記取教訓，對其他人也能發揮警惕的作用。

當然，凡事都要適度，賞罰也不能逾越限度，特別對於部屬的處罰更應該愼重行事。否則，一旦濫用責罰，就會波及一些無辜的人，一擴大打擊層面，就必然挫傷很多人的積極性。

獎勵也一樣，獎過了頭也會適得其反，同樣會產生不良後果。

‧必須注意誠信原則

管仲是春秋時期著名的宰相，也是以講究誠信著稱的人。

齊桓公戰勝宿敵魯國後，同魯莊公談判媾和的條件。會議上，魯莊公正想簽下割城讓地的降書時，魯國將軍曹沫（曹劌）突然冷不防地跑到階上，用刀子抵住齊桓公說：「希望齊國能歸還奪自魯國的土地。」

齊桓公迫於局勢，爲了保住性命只好勉強答應。曹沫見齊桓公應允，當下丟下刀子，向齊桓公深深一鞠躬。

由於齊桓公是遭受威脅才答應這個條件，脫困之後心有不甘，想殺曹沫洩憤，並否定這個承諾。管仲知道後，就勸諫齊桓公說：「倘使殺了曹沫，就是違反了誠信原則。歸根到底，這不過是發洩一時氣憤罷了。何況這麼做，一定會在諸侯間失去威信，爲天下人所看不起。」

齊桓公想了一會，認爲管仲所言有理，最後信守承諾，把從魯國奪來的土地歸還了魯國。此舉受到了天下人的稱讚，一年後，齊桓公得以被其他諸侯推舉稱霸，一言九鼎的誠信作風，就是一個重要原因。

・你是否做到了用人所長，避人所短？

人無完人，每個人都有短處，所謂樣樣皆能的人，相對的也必然欠缺多多。

有位哲人曾說：「與人類現有的知識、經驗、能力的彙集總和相比，任何偉大的天才都是不及格的。世界上實在沒有十全十美的人。」

芸芸眾生中，就如同一棵樹上找不到兩片相同的葉子一樣，幾乎沒有兩個人的才能是相同的，或長於此，或短於彼，這不是人的意志所能改變的客觀事實，只有用其所長，避其所短，才能充分發揮各方面人才的作用。

・是否正確地對待前任？

事業的發展是有連續性的，許多檯面上的領導人，並不是一開始就穩坐領導的位置，大都經過一番努力表現才有目前的地位。在傳承的過程中，前任領導人給後繼者提供了該走哪條路和不該走哪條路的經驗與教訓，因此，對於自己的前任，後繼者應該懷著感佩的心理。

首先，應該肯定前任的成績。倘使你對過去採取全盤否定的態度，把前任說得一無是處，不僅有失厚道，也會打擊原有幹部的積極性。

其次，對前任決定的問題應該多問爲什麼。對他的意見要虛心接受，對他曾決定的問題也要敢於質疑，必要時，可以直接向他請教，或找他的親信幹部進行瞭解。

工作通常都有相對的連續性。有些工作需要經過幾任領導人的連續努力才能完成，這樣的工作不能因爲領導者的變動而受到影響、中斷。更重要的是，優秀的領導人要懂得就地取材，意即儘量任用原有的人才、幹部。

如果你新到一個機構任職，發現一些能幹而又有實力，但「資歷」不算深的人才，先不要急於重用，免得人心浮動。先任用舊人才，會使部屬心服口服，等待時機成熟，才開始進行接班的計劃。

・你是否建立了良好的指揮系統？

沒有一個團結而堅強的領導班子和健全的組織結構，就算你的能力再強再好，也難以實現目標。

領導班子猶如一個火車頭，究竟是強健有力還是軟弱渙散，將關係到一個企業的成敗。因此，身爲一個領導人，一定要先建立健全的領導班底，經過充分調查研究後，對不符合要求的領導成員進行適當的調整。

調整領導階層時，要堅持原則，嚴格按照德才兼備的標準進行。值得注意的是，要避免出現「一朝天子一朝臣」的連鎖反應，不輕易做出大換血的舉動。

•你是否做到了恩威並重、寬嚴相濟？

日本有位企業家在歸納自己的經驗時說：「領導的要訣在於，先打個巴掌，然後給個甜棗吃。」

意思是，既要適時對部下進行批評或責罰，使他認識並改正自己的錯誤，同時也要寬厚待人，恰當地給他一點甜頭，如此才能引導他朝有利於公司發展的方向走。

領導者的「巴掌」是樹立自己威信的強硬手段，鎮住了局面之後，再透過「甜棗」的恩澤緩緩浸潤每個下屬的心。

當然，這是對一般部屬的做法，對於某些人才而言，必須有不同的方式。部屬中，有些「千里馬」是不用重鞭伺候的。對於好勝心特別強的人，或極具反抗精神又能力非凡的人，就不能動輒用「巴掌」壓制得他無法喘氣。

以上幾種方法，可以說是優秀的領導者在用人做事之時應該具備的素質。對於領導人來說，這些方法不是絕對的「是」或「否」的問題，而是有程度的深淺，而且彼此之間也有很大的相關性。

厚黑智典

每個人，每個團隊，每個部門，在相互競爭之際，都應該為公司的整體利益做出最大的貢獻。

——愛德華茲．戴明

讚美可以彌補金錢的不足

「有兩件東西比金錢和性更為人們所需要，那就是認可和讚美。」的確，金錢並不是萬能的，而讚美卻恰好可以彌補它的不足。

並不是每個下屬在工作和業務中都會有顯著的成績，許多員工表現甚至很平庸。事實上，在任何一個單位中，眞正出類拔萃的總只是少數幾個人，大部分人的表現都屬於中等。

這些下屬雖然表現普通，但並非說明他們沒有能力，有些人資質不錯，只不過潛力還沒有被激發出來，因此，他們更需要領導的關注和激勵。那麼，怎樣對待這些表現平平的下屬呢？

領導者要有發掘這些下屬優點的眼光，如果能夠在日常的工作事務中發掘出他們的優點，並予以表揚，或許就可能改變他們，使他們的潛能激發出來。

稱讚，有時會發揮意想不到的效果，即使下屬沒有潛在的才能，但只要他表現誠誠懇懇、兢兢業業，也值得加以讚揚。

某家公司的一個清潔工，本來是最被人忽視、最被人看不起的角色，但是他卻在某天晚上公司的保險櫃被撬開時，極爲英勇地與小偷進行了殊死搏鬥。

事後，公司表揚他並問他的動機時，答案卻出人意料。他說，每當公司的總經理從他身邊經過時，總會讚美他：「你掃的地眞乾淨。」

就這麼一句句簡簡單單的誇獎，就使這個清潔工受到了感動，願意奮不顧身地保衛公司的財產。

美國企業界盛行一句名言：「有兩件東西比金錢和性更為人們所需要，那就是認可和讚美。」

這句話是由年利潤高達六億美元的美國瑪麗．凱化妝品公司總經理所說的。

的確，在帶動下屬們的積極性方面，金錢並不是萬能的，而適時的讚美卻恰好可以彌補它的不足。

這時因爲，每一個人，包括你和你的下屬們，都是有自尊心和榮譽感的，你他眞誠地表揚與稱讚他們，就是承認和重視他們價値的最好表現。

能眞誠讚美下屬的領導者，會使員工們的心靈需求得到滿足，因此更容易得到他們的擁護，縮短了彼此之間的心理距離。

厚黑智典

只有一家公司會成為行業的領導者，只有一個國家會在經濟上處於第一，如果你不是第一，那麼很快就會變成最後。

——暢銷作家查爾斯·漢迪

以貌取人，會讓你鑄下大錯

歷史上，不少人因為以貌取人而造成無可彌補的失誤。例如，諸葛亮重用馬謖鑄下大錯，南宋名相張浚造就了秦檜這個千古罪人。

中國大陸的管理學家對於選拔人才，有所謂「爛沿桶」和「漏底桶」的比喻，而且解釋得十分生動有趣。

從表面上來看，「爛沿桶」雖然不雅觀，讓人心生唾棄的念頭，但「爛沿桶」只是表面難看，其他部分卻是完好無缺的，能夠盛將近一桶的水。而「漏底桶」恰好相反，表面上來看問題不大，實際上已經無法盛水，是眞正應該唾棄之物。

選人要做到慧眼識才，不被表面現象所迷惑，作爲一個領導，在選人時應首先看本領，其次才看表面，寧選「爛沿桶」，也不要選「漏底桶」。

看人不應該以貌取人，如此才能識別眞正德才兼備的可用之才。所謂的「貌」，就是指廣義的外貌，而不是狹義的面貌。外表、姿態、言行的綜合表現，就是人的外貌。

外貌和內心的關係正如現象與本質的關係一樣。人的外貌是內心的反映和表現，例如人內心的喜怒哀樂，往往可以從人的外貌中顯示出來，所謂「察言觀色」，就是經由對人外現的語言和臉色加以分析與觀察，而揣摩出他的內心世界。

但是，並非人人都會將內心世界顯現在外貌上，有的人喜怒不形於色，又有些人心裡想的是一套，表現於外的又是另一套。這種表裡不一的人，城府很深，使人難以察覺。

尤其是陰險而狡詐的人，更善於掩蓋眞相，而以假象騙人，使人落入他們精心設計的圈套而不自知，甚至直把壞人當作好人。

歷史上，不少人因爲以貌取人而造成無可彌補的失誤。例如，南宋名相張浚就因爲犯了以貌取人的錯誤，造就了秦檜這個千古罪人。

張浚誤認爲秦檜「議論剛正，面目嚴冷，必不肯爲非」，因而謬誤地認定他是「不畏死，可共天下事」的「人才」，於是推薦他參政。

秦檜得勢後，結黨營私排擠忠良，以「莫須有」罪名害死名將岳飛，使南宋屈膝向金求和。張浚因爲提拔秦檜而留下了終生的遺憾，終究只能怪自己不長眼睛。

三國時期，悉力輔佐劉備鼎立於西蜀的諸葛亮，也曾犯過以貌取人的錯誤。

諸葛亮因馬謖熟悉兵法，理論上說得頭頭是道，儘管劉備對馬謖的「紙上談兵」深不以爲然，臨死前曾特意叮囑諸葛亮說此人不可重用，但諸葛亮卻不以爲意。

後來，蜀軍與曹兵對壘，諸葛亮重用馬謖爲先鋒，結果喪失戰略要地街亭，諸葛亮被迫率領殘兵退回漢中，他第一次出祁山取得的輝煌成果也轉瞬間化成泡影。事後，諸葛亮後悔沒有聽取劉備遺言而深深自責，但爲時已晚，大錯業已鑄成。

連被尊奉爲的聖人孔夫子，也犯過以貌取人的錯誤。他曾經檢討自己說：「以貌取人，失之子羽。」這番自我解剖，也給後人留下了「以貌取人」的深刻教訓。

孔子因爲子羽相貌醜陋而看不起他，其實子羽是一個很有才德的人。

子羽比孔子小三十九歲，容貌醜得令人退避三舍。他曾經拜孔子爲師，孔子見了他之後，斷定他不會有多大出息，但因爲他是孔子的朋友介紹來的，所以還是勉強收留了他。

他在孔子身邊經過了三年多時間，孔子才驚覺他是一個相貌雖醜但才德頗高的人，所以感嘆說：「以貌取人，失之子羽。」

後來，子羽學成出遊列國，曾任魯國大夫，不久又南下楚國講學，培養了不少人才，成爲當時儒家在南方的一個很有影響力的學派。

厚黑智典

沒有想像力的員工就會缺乏創造力，他們不可能符合你的高度期望，甚至也無法完成較高標準的工作要求。

——通用公司總裁麥克．維爾奇

把人才巧妙地組合在一起

劉邦是一個「有效的管理者」。以單方面的才能而論，劉邦與他的部屬相比遜色不少，但他能夠恰當地使用部屬，把他們巧妙地組合在一起，人盡其才的結果，最後一舉奪得天下。

一般來說，每一個人都有自己獨到的長處，也有自己與生俱來的短處。

美國管理專家彼得．杜拉克對此有一段精妙的說法：「假如一個團隊所有的人沒有短處，那麼這個團隊至多只是一個平平凡凡的組織，所謂『樣樣都行』的人必然是一無是處。才幹越高的人，其缺點也就越明顯。人有高峰必有低谷，有長處必有短處，誰也不可能是十項全能。」

如果在發掘人才爲自己所用之時，能著重於他的長處，如此便能發現更多的人才；如果不見人才之所長，只一味尋人之所短，到頭來你必然會認爲人才難覓，甚至感嘆世間缺少人才。

所以，只視人之所短，則無才可尋；能視人之所長，人才才會源源不絕。

想要使人才不斷湧現，身爲一個領導人必須拋棄論資排輩的偏見，排除個人主觀的好惡，不拘一格選拔人才。能夠如此，你就不會輕易地使人才從身邊擦肩而過，衆多的賢才就會匯聚到你身邊，這是知人識人的重要準則之一，也是事業能否成功的關鍵因素。

許多歷史上的故事都證明，這種選才用人的觀念才是最正確的。

人才，不可能全是白璧無瑕的完人，各有自己的優點和缺點、長處與短處。例如，有的善於分析歸納，有的善於做行銷企劃工作，有的精通某種專業技術，有的具備某方面的特殊才幹；有的擁有組織領導才能，有的適合做主管，有的適合做副職……等等。

領導人的職責，就是按照他們的這些不同的長處與特點，適才適用，爲各類人才提供最能充分施展才華的機會和位置，使人盡其才。

戰國時期，孟嘗君以養士著稱，曾擔任齊國宰相多年，門下食客多達三千人。

魯仲連則是齊國高士，深具卓識奇謀。孟嘗君相當尊敬魯仲連，但兩人對人才的看法卻迥然不同。

孟嘗君認爲，假如他委派的人，沒有把事情辦好，他就會認爲這個人無能、笨拙，會毫不客氣地將他逐出門下。

魯仲連則認爲，即使是聖賢，也不能把所有的事情都辦得十全十美，因而，他勸告孟嘗君，用人應該棄其所短，用其所長，這樣才能把事情徹底做好。

魯仲連所談的，正是如何正確識人用人的關鍵。

每個人都有自己的不足或缺點，但是，一塊玉縱使有瑕疵仍然是玉，仍有自己的獨特的價值，不會淪爲石頭。用人之道也是如此，惟有知其所長，才能知人善用，充分發揮他的才能，方能聚集更多的人才爲己所用。相反的，如果棄其所長，用其所短，必然認爲其人笨拙無用，到最後當然無可用之人。

後來，孟嘗君接受了魯仲連的建議，糾正了先前那種不正確的用人作法，孟府也因此成了天下聞名的藏龍臥虎之地，在歷史上傳爲美談。

歷史上得人失人，都與魯仲連所說的這個道理有關，這是值得後人引以爲借鏡的經驗與教訓。

楚漢相爭之初，無論是個人的能力聲勢，還是軍隊的戰鬥力，劉邦都不及項羽，但是後來劉邦卻轉弱為強，打倒項羽奪取天下。其中原因固然很多，但有一條不可忽視的原因是，劉邦是一個「有效的管理者」。

以單方面的才能而論，劉邦與他的部屬相比遜色不少，但他能夠恰當地使用部屬，把他們巧妙地組合在一起，人盡其才的結果，最後一舉奪得天下。

總之，人有長處和短處、優點與缺點，即使最偉大的人物也有不足之處。領導者不僅要識人之長，更要見短中所長。

厚黑智典

優秀的領導人應該創造夢想，清晰明白地描述夢想，滿腔熱情地擁抱夢想，並且不屈不撓地將夢想實現。

——通用公司總裁麥克·維爾奇

合乎自己心意的人就是人才嗎？

二十一世紀的競爭，實質上是人才的競爭，誰贏得了人才的優勢，誰就能在世界競爭的舞台上立於不敗之地。

一個人是不是人才，應該加以檢驗才能得知，用個人的好惡爲標準來選取人才，實際上是人的私心在作祟。

從自己的私人目的和主觀偏見出發，就難以分辨出眞正的好人與壞人，也難以獲到眞正有才能的人。

中國歷代王朝都把天下當作自己的私產，繼位人選莫不從自己的嫡系子孫中選擇，而且一般以嫡長子繼承。由於立幼廢長容易滋惹內亂，因此嫡長子繼承制都爲統治者遵循，即使長子昏庸或白癡，也非他莫屬。

統治者為了使後繼者能鞏固統治地位，無所不用其極採取了一切辦法和手段，為繼承者掃清繼位道路的障礙，使得中國歷史上，不知有多少人才因此冤死。

即使被稱為賢明的君王，也擺脫不了這種愚蠢的選擇。

在《三國志》裡就記載著這樣一個故事。劉封原是長沙劉氏的外甥，劉備借住荊州時因尚無子嗣，便收劉封為養子。到了劉備取西蜀之時，劉封已經二十多歲，膽藝過人，每戰必勝。

後來，關羽在襄陽被圍，要求劉封、孟達率兵前來幫助，但劉封、孟達以人心未定，難以出兵為辭。不久，關羽戰死，孟達害怕遭到劉備懲罰，便投降了魏國。劉封逃回成都，遭到了劉備嚴厲斥責。

諸葛亮鑑於劉封生性剛猛，恐怕劉禪在劉備死後難以制伏他，於是勸劉備乘機把他除去，以絕後患。劉備也正有此意，因此賜劉封死罪，令他自殺。臨死前，劉封喟然長歎道：「後悔沒有聽孟達的話。」

劉封雖然有罪，但罪不至死。劉備之所以要殺劉封，在於為劉禪繼位掃清道路，這才是劉封被殺的根本原因。劉備號稱是三國時的明主，諸葛亮則是賢相，卻從所謂的正統思想出發，殺了不應殺的人，這既是劉封的悲劇，也是封建制度的悲劇。

在私心作祟之下，個人的好惡往往成了選用人才的唯一標準，合乎自己心意者就是人才，不合者就是庸才。武則天的夏官尚書武三思不就說過：「凡與我為善者即為善人；與我惡者，即為惡人。」

以個人的好惡爲標準來判斷人才，在中國的歷史和現實當中，都不乏其人。特別在識人與用人方面，喜歡搞小圈子，彼此劃定界線，爲了權力地位明爭暗鬥。一個領導者是否堅持公正客觀、任人唯賢，是關係到人才命運的一大關鍵。

事實上，憑個人好惡、恩怨、得失而看人用人的情況很多。有的人喜歡聽奉承的話，便把喜歡吹牛拍馬者當成人才；有的人熱衷於搞派系，對臭味相投的人備加愛護；有的人側重個人恩怨，對自己有恩惠的，則想方設法地加以重用、提拔，即使他有諸多劣跡，也會爲他塗抹掩飾。

以上這些情況，一方面使某些德才平庸、投機取巧的人，甚至品德有嚴重瑕疵的人得到重用；另一方面，則必然使一些德才兼備的人才被埋沒，甚至遭受不該有的打擊。

今天，我們正處於新世紀的開端，無論就一個國家還是就一個企業而言，二十一世紀的競爭，實質上是人才的競爭，誰贏得了人才的優勢，誰就能在世界競爭的舞台上立於不敗之地。

因此，徹底地拋棄以個人好惡選人才的觀念，不拘一格的選出的眞正有才能的人，既是一個領導者義不容辭的責任，也是事業取得勝利的根本保證。

厚黑智典

能以最小的風力駕駛，以最大的阻力取得動力的人，才是最優秀的掌舵者。

——美國作家梭羅

名氣不一定代表能力

招聘人才時，有一點要注意的是，不要只是因為在他某個行業中頗有名氣，就加以聘用。因為，他專精熟悉的可能只是他的本行，而不是你的事業。

耐吉公司某位高階主管，談起該公司招聘人才的經驗時曾經說，耐吉公司過去招聘過各式各樣的人才，例如企業管理碩士、律師、會計人員、退休的運動員，以及曾經任職於其他大公司的人才。這些人才進到公司後，有些人做的是自己專業的工作，有的人做的工作是他們以前從來沒有做過的。

他們挑選人才經驗是：開始時，他們會設法招聘最優秀的年輕人，增加公司的發展潛力。只要他們聰明能幹，一定會在公司裡找到合適的職位，有自己的用武之地。當公司在市場競爭裡穩定下來，有了一定的根基後，就針對特殊的需要，招聘特殊或專業化的人才。

招聘人才時，有一點要注意的是，不要只是因爲在他某個行業中頗有名氣，就加以聘用。因爲，他專精、熟悉的可能只是他的本行，而不是你的事業。

耐吉公司在與一九八六年奧運會滑雪三項金牌得主凱里簽定合約後，一開始打算找一個滑雪經紀人來處理凱里的業務，好使他們之間有共同的語言。但是，耐吉公司很快就意識到，並不一定非得用一個懂得滑雪的人，來向贊助人和贊助公司推銷凱里，他們所需要的是知道如何推銷名人的推銷員。

這種情形就像，如果你要推銷一種新款肥皂，是聘請發明肥皂的化學家來推銷，還是聘請一個神通廣大的推銷專家呢？

另外，對於耐吉公司來說，在聘用職員時，還會考慮到客戶的要求。

例如，他們的高爾夫球部門曾經聘用了一位高爾夫球選手。沒有多久，他們就發現，以前曾經在高爾夫球場與他同場競爭的對手，並不認爲他現在坐在大辦公桌旁，就可以變成替他們經營事務、管理財務的專家。這些客戶心想：「他是打高爾夫球的，怎麼懂得這些？」

因此，耐吉公司從此就不用足球員來代理足球比賽的事宜，也不用精通滑雪的人來代理身為奧運滑雪冠軍的客戶。

耐吉公司所說的這些問題，可能在一般公司行號常常見到。不要因名氣而聘用人才的道理，在其他行業裡也是適用的。

耐吉的做法，頗能給其他企業啓示。那就是，在公司的不同發展階段，招聘不同的人才；在招聘人才的時候，不要被對方的名氣迷惑；對於聘用的人才，要讓他們創造性地開展工作，根據不同的情況做出不同的決定。

厚黑智典

在競爭激烈的商業社會裡，我們需要一種新形式的工作組織和工作規範，讓每個人都擁有尊嚴和視野，而不只是可有可無地存在著。

——比爾蓋茲

3

PART

你用的是人才，還是奴才？

能否慧眼識才，往往是企業能否振興、領導人是否英明的標誌。因此，儘管識賢的學問相當難學，我們也要「迎難而上」

你是「劉邦」，還是「項羽」？

人才應用得當就會發揮巨大的力量，關鍵就在於領導者能否發現他們的獨特才華和能力，將他們擺在最適當的地方。

不管是治理天下，或者開創企業版圖，都應該以招納賢才為根本。要爭天下，必須先爭賢才，歷史顛撲不破的定律是：得賢者得天下，只要唯賢是舉、唯才是用，就不愁天下不能得。經營一個國家如此，經營一個企業亦然。

在煙硝四起的現代經濟競爭中，誰取得了人才方面的優勢，誰就能贏得企業蓬勃發展，保有繁榮的今天和明天。

北宋著名的政治家兼文學家范仲淹在《選任賢能論》中指出：「得賢傑而天下治，失賢傑而天下亂。」

意思是說，得到賢明和傑出的人才，天下就會井然有序而長治久安；欠缺賢明和傑出的人才，國家隨陷入混亂狀態，一步步走向滅亡。

由此可知，人才對於國家、企業或機關團體來說，就像利器之於高明的工匠，繩墨之於靈巧的木匠一樣不可或缺。

歷史上著名的楚漢爭霸戰中，劉邦之所以能獲得最後勝利，關鍵就在於擁有衆多傑出的人才鼎力相助。

例如，當陳平出身貧窮農家，被譏諷爲無行文人，在項羽陣營抑鬱不得志，最後轉而投效劉邦。劉邦和他交談之後，發覺他才智過人，心中大爲激賞，於是任命他爲都尉兼參乘、典護軍。

這些職位雖然不是高官顯爵，但卻扮演著相當重要的角色。參乘就是親信侍衛，與劉邦同車出入，非心腹之人是不可能擔任的，儘管其他將領得知劉邦對陳平推心置腹，都爲之譁然，但種種譏評並沒動搖劉邦對陳平的信任，反而更加厚待。

劉邦對陳平如此器重，足見他確實能知人善用，後來的事實證明，陳平的確是一個不可多得的奇才。劉邦之所以能戰勝項羽，即位後遭匈奴包圍，身陷險境而能轉危為安，以及劉氏政權不被呂后親族所奪，陳平屢出奇計，發揮了相當重要，甚至是決定性的作用。

除了陳平之外，劉邦還大舉招降納叛，物色了韓信、英布、張良……等奇人猛將為己所用。

反觀，項羽是秦末叱吒風雲的頭號英雄人物，深諳「萬人敵」的兵法，力可拔山舉鼎，以「破釜沈舟」的決心激勵將士們的勇氣，於鉅鹿與秦軍主力決戰，九戰九勝，大破秦軍，諸侯為之顫慄。

楚漢相爭之初，他屢戰屢勝，曾意氣風發地誇耀自己的戰績說：「吾起兵至今八歲，身七十餘戰，所當者破，所擊者服，未嘗敗北。」

可是，這位蓋世英雄最後卻被迫自刎於烏江，癥結就在於他無識人用人之能。

項羽自恃勇冠三軍，行事剛愎自用，對韓信、陳平、英布……等一干謀臣武將視如草芥，致使他們紛紛叛楚降漢，最後又中了劉邦的反間計，連他最倚重的「亞父」范增也遭到猜忌。

古人曾說：「得賢則昌，失賢則亡，自古至今，未有不然者也」，強調不管國家或者公司團體，唯有得到賢能的人才，才能繁榮發達，缺乏賢人就會走向衰亡。

人才應用得當就會發揮巨大的力量，關鍵就在於領導者是否懂得用人辦事之道，能否發現他們的獨特才華和能力，將他們擺在最適當的地方。

人才就在項羽身邊，他卻不知、不用，最後眾叛親離，把自己變成孤家寡人。這場霸王之爭誰勝誰敗，其實早已成了定局。

厚黑智典

授權能夠產生適應力強的工作隊伍，信任會增加讓人羨慕的忠誠。過去是這樣，現在也是這樣。

——加里・哈默爾

為了一個人才，買下整個公司

從外面引進人才無疑是一樁一本萬利的買賣，即使為了一個人才買下一家公司，又有何不可？在現代商業競爭中，誰取得了人才方面的優勢，誰就能贏得最後的勝利。

古人曾說：「天下之政，非賢不理；天下之業，非賢不成」，強調國家大政，沒有賢才無法治理；天下大事，沒有賢才就不能成功。

治理國家需要賢才，一個蓬勃發展的企業同樣需要人才的支撐。

招攬優秀人才的時候，往往會引發劇烈的爭奪戰，有些身具雄才大略的企業領導人，甚至會爲了取得一個人才，不惜買下整個公司。這不是荒誕虛幻的神話，而是曾經活生生在企業戰爭當中上演的戲碼。

一九二三年，美國福特汽車公司有一台馬達壞了，公司動用了所有的工程技術人員進行維修，卻一直無法將它修好，最後只好請來了一個名叫斯坦因．曼思的電機高手。斯坦因．曼思原是德國的工程技術人員，流落到美國後，一家小工廠的老闆看重他的才能，雇用了他。

斯坦因．曼思到福特公司後，在電機房裡待了三天，聽了三天，然後要了一架梯子，忙著爬上爬下，最後在馬達的一個部位劃了一道線，寫了幾個字：「這裡的線圈多了十六圈。」他把這十六圈線圈一拿掉，電機馬上恢復正常運轉，福特汽車公司終於鬆了一口氣，付給他一萬美元作爲酬勞。

亨利．福特對斯坦因．曼思的電機天賦十分欣賞，於是便開出高薪想請他到福特汽車公司上班。豈知，斯坦因．曼思卻非常誠懇地婉拒，他說：「現在的公司對我相當照顧，我不能忘恩負義。」

亨利．福特沉思了一下，然後對斯坦因．曼思說道：「那麼，我只好把你現在任職的公司買下來。」後來，亨利．福特果然爲了斯坦因．曼思，不惜重金把整個公司都買了下來。他重視人才、求賢若渴的精神可見一斑。

其實，不管是企業或者國家，最頂尖的領導人都深知「引進優秀的人才是一本萬利的買賣」。以美國爲例，美國能夠在科學技術領先世界其他國家，在於美國政府部門和民間機構懂得大量引進人才。

有項統計資料指出，光是二次世界大戰後，美國就從世界各地引進了科學家、工程師、醫生……等人才，共計二十四萬人。在美國，一個人從上小學到大學畢業，政府至少要花費五萬美元的教育經費，二十四萬人就是一百二十億美元，如果再加上每個家庭和社會對學生所付出的費用，那麼，數字將更加驚人。

從這個角度來看，從外面引進人才無疑是一樁一本萬利的買賣，即使爲了一個人才買下一家公司，又有何不可？千萬要記住，在現代商業競爭中，誰取得了人才方面的優勢，誰就能贏得最後的勝利。

厚黑智典

要讓所用之人的表現符合高標準，領導者自己的行為也必須是高標準的。

——羅傑・福克爾

你用的是人才，還是奴才？

能否慧眼識才，往往是企業能否振興、領導人是否英明的標誌。因此，儘管識賢的學問相當難學，我們也要「迎難而上」。

得人之道，在於識人；只有識人，才能善任。這是放諸四海皆準的用人道理。

一九七七年一月八日，松下電器公司的創始人松下幸之助召見了當時在二十六位董事中資歷倒數第二的山下俊彥。

松下幸之助對他說：「我要辭職了，我女婿將接替我的董事長職務。我想請你擔任總經理。」

山下事前完全沒有心理準備，一下子愣住了，因爲在他前面還有那麼多資深董事。於是，他回答說：「我恐怕擔當不了這個重要職務。」

對於這個「不知好歹」的回答，松下沒有惱怒，他說：「我知道，這個決定對你而言太突然了，可能使你吃驚，我並不要求你馬上答覆我。」

第二天，山下再次來到松下幸之助的辦公室，下定決心要拒絕這個職務：「松下先生，我還是不能接受這個職務。」

松下幸之助並未露出不悅的臉色，只是誠懇地對他說：「好吧，我不勉強你，不過，你要知道，對於這項人事案，我是百分之百認眞的。把這個職務交給你，不是輕易決定的。」

後來，松下又要他的女婿前去勸山下接任。

誠懇的勸說終於打動了山下的心，他終於不再推託，走馬上任了。這次松下電器公司的人事變動，被當時的日本報紙稱爲是繼一九六四年在東京奧運會中跳高運動員贏得金牌之後，又一次「山下跳躍」。

結果證明，松下的選擇沒有錯，他獨具慧眼地看出山下的才幹，知道他能勝任總經理的職務。

後來，松下電器公司之所以能擺脫經營困境，乘風破浪地勇往直前，與山下的傑出表現息息相關。

「事之至難，莫如知人」，要在芸芸眾生中知才識賢，是相當艱難的一件事，因此，往往有人誤將奴才當人才。但在某種程度上，能否慧眼識才，往往是企業能否振興、領導人是否英明的標誌。因此，儘管識賢的學問相當難學，我們也要「迎難而上」。

厚黑智典

你的員工們並不笨，每個人都知道，如果公司沒有競爭力，他們的收入就沒有保障。

——企業經理人柏西．巴尼維克

將人才擺在最適當的地方

人總難免會有缺點，一旦發現一個人的缺點，往往就會忘記他的優點；人難以十全十美，用人主要用他的長處。

古人說得好：「非知人不能善其任，非善任不能謂之知」，意即不瞭解人才、不認識人才，就不能妥善地使用人才。換句話說，不能有效地使用人就是不瞭解人才；不能識人，勢必不能知人善任。

所謂「知人」，就是觀察、選擇人才的過程。所謂「善任」，就是正確地使用人自己所選用的。

「知人」與「善任」之間是辨證的關係，「知人」是「善任」的前提和基礎，「善任」是「知人」的延伸與深化。如果能識別人才，又何必擔心沒有可用之才呢？

春秋戰國時期，衛國人寧戚想到齊國投靠齊桓公，因為路遠家窮，於是租了一輛牛車，沿路做些小生意，經過千辛萬苦才到了齊國。

寧戚到達齊國已經是夜晚，由於沒錢住旅店，便在城外躺著，準備等到天亮再入城。這時，恰逢齊桓公出城迎接客人，寧戚見了，為了引起他的注意，連忙敲擊牛鼓，高聲唱著悲歌。齊桓公聽了，對左右說：「這個唱歌的人，不是尋常人也。」於是便把寧戚請回城中。

回到宮裡，齊桓公以上賓之禮款待寧戚，並且與他談論治國稱霸之事。談到治國之道時，寧戚勸齊桓公先統一思想，做好團結內部的工作。

第二天，齊桓公要任命寧戚官職時，其他謀臣卻有人表達反對意見。但齊桓公慧眼識英才，仍然決定重用寧戚。

齊桓公是春秋五霸中的第一個霸主。他之所以能稱霸諸侯，主要原因就在於他能知人而善任，大膽提拔有才有智之士。他從寧戚的悲歌當中，聽出寧戚非尋常之人，與他交談後，知道他胸懷治國之奇才，最後方能力排眾議，委以重任。

謀臣見寧戚初來乍到，齊桓公就打算加以重用，認為決定有失慎重，主張先調查他是否為賢才，然後再做進一步打算。這是一般人的用人準則，應無可議之處。

然而，齊桓公卻有自己獨特的見解，他之所以不加以調查，自有他的理由。因為，人總難免會有缺點，一旦發現一個人的缺點，往往就會忘記他的優點；人難以十全十美，用人主要用他的長處。齊桓公既然已經發現了寧戚有輔助他治國稱霸的雄才，就不想計較他可能具的小缺點了。

後來的事實證明，齊桓公沒有看錯寧戚。寧戚負責農業方面的職務後，齊國的農業生產大大發展，國家日富、兵馬日強，為齊桓公日後稱霸天下，奠定了雄厚的經濟基礎。

厚黑智典

事業是一種戰鬥，經營者自己如果露出動搖之色，那麼，員工也會跟著他的神色動搖。

——經濟學家戴維斯・里卡多

伯樂的眼中才有千里馬

對於一個人才來說，如果能得到一個愛才惜才的賢人舉薦，無疑是一種幸運和鼓舞。因為，世上愚人多而賢人少，因此能獲得賢人賞識、薦舉的人才少之又少。

人才，是英明領導人運籌帷幄的重要籌碼。

一個優秀的領導人有如一隻兇猛的老虎，雖然可以在陸地上稱王稱霸，但是想要謀求進一步發展，與天上行雲佈雨的蛟龍一爭長短，就必須把人才當作讓自己騰空飛舞的翅膀。

發現人才就加以適時適地任用，是一個君主成就王圖霸業的重要關鍵。如果發現了良才卻不重用，識了奸人而不貶斥，那麼不管多麼強盛的國家都會走向沒落之途，不管多麼龐大的企業集團也會煙消雲散。

因此，一個想要有一番作爲的領導人，應該把訪賢求才視爲迫在眉睫的重要任務，把舉用賢人當作生死存亡的課題。

春秋時代，一代名臣百里奚從奴隸之身躍爲秦國宰相，爲秦穆公竭智盡力，對秦國政治、軍事、外交工作發揮了巨大的作用，最終促使秦穆公成爲春秋五霸之一。

秦穆公之所以能起用百里奚而稱霸諸侯，得益於秦國宰相公孫枝的極力推薦。

百里奚前半生過著顛沛流離的艱苦生活，當過俘虜，牧過牛羊，當過奴隸。秦國宰相公孫枝得知百里奚是一個不可多得的傑出人才後，便建議秦穆公用五張羊皮幫他贖身，並且請他擔任宰相職位。

秦穆公開始不以爲然，但公孫枝再三力薦，最後秦穆公才勉爲其難聽從了他的建議，派人前去將百里奚贖回。

百里奚是楚國的奴隸，秦穆公擔心起用一個奴隸當宰相，會遭到天下人恥笑，可是，公孫枝卻三番兩次進諫說，只有不識人才、不用人才的昏君才會遭人恥笑，勇於任用賢臣的名君豈有遭人訕笑之理。最後，公孫枝甚至表明願意把自己的宰相職位讓給百里奚。

在公孫枝極力薦舉下，秦穆公終於同意任用百里奚。後來，事實證明，公孫枝果眞慧眼識英雄，秦國在百里奚精勵圖治下，迅速躍居強國之林。

唯有心胸豁達的賢人獨具慧眼，優秀的人才方可能脫穎而出，才華不至於埋沒一生。對於一個人才來說，如果能得到一個愛才惜才的賢人舉薦，無疑是一種幸運和鼓舞。因爲，世上愚人多而賢人少，能獲得賢人賞識薦舉的人才少之又少，因此大多數人只能慨歎自己懷才不遇。

人大都抱著多一事不如少一事的心態，深怕自己推薦的人萬一出事，會累及自己。因此，世上雖有奇才，像公孫枝、蕭何這樣願意推薦人才的人卻少之又少。

厚黑智典

部屬喜歡替那種不把失敗當成一回事，只會捲起袖子繼續努力工作的領導者做事。

——藍斯登

用顯微鏡看自己的短處

人貴有自知之明。想要辨識人才，不但要發現他獨特的優點，更應該充分地認識自我，了解自己的優缺點，如此才能使人才發揮互補和相乘的功效。

古代著名的軍事家孫子說過一句經典的名言：「知己知彼，百戰不殆；不知彼而知己，一勝一負；不知彼，不知己，每戰必殆。」

在戰場上兵戎相見，事先既要瞭解敵人的虛實，也要瞭解自己的強弱，這樣才能百戰百勝；不瞭解敵人，只瞭解自己，勝負的可能性各占一半；至於不瞭解自己也不瞭解敵人，那麼就會每戰必敗。

行軍作戰如此，經商亦然。商場如戰場，如果能做到知己知彼，就能達到百戰不敗，在激烈的市場競爭中大獲全勝。如果不知彼而知己，最多只能出現勝負參半的局面。如果不知彼，也不知己，毫無疑問的就會逢戰必敗，在激烈的市場競爭中敗下陣來。

因此，無論進行什麼工作，包括識人方面，都應該做到知己知彼。

古人曾說：「知人始己，自知而後知人也。」意思是說，要認識人才，必須先瞭解自己，一個不瞭解自己的人，也就無法瞭解別人。

人貴有自知之明。想要辨識人才，不但要發現他獨特的優點，更應該充分地認識自我，了解自己的優缺點，如此才能使人才發揮互補和相乘的功效。

但是，有的人本身缺乏自知之明，自認爲聰明過人，不管做什麼事都想逞能，結果到頭來，什麼事也沒幹成。

這種現象，正如新文學運動的舵手魯迅批評某些作家時所說的：「件件要來，行行要搞，詩歌來一下，小說寫一下，又做論文，又搞翻譯、戲劇、美術、歷史，什麼都來，好像雜貨攤子。」

想要透徹地認識自我，就必須嚴格地剖析自己。

認識自我，剖析自己，就是要清楚認識自己的長處與短處所在，認識自己的最佳才能之所在，以使自己不斷進步完善，進而使自己識人的標準和能力不斷提高。

每一個人都有自己的長處和短處，也有自己的優點和缺點。眞正聰明的人懂得學人之長，補己之短，而不會以自己所長來衡量別人之短。

想要培養識人之明，就要多看別人的長處，多看自己的短處，尤其是在看到別人的短處時，要懂得在短中見長，看自己的長處時，更應該曉得自己長中之短。

此外，犯下錯誤時，要主動地承擔起自己的責任，勇於自揭短處，勇於自我批評檢討，要有不怕家醜外揚的精神。

我們常說：「要用顯微鏡看自己的短處，用放大鏡看別人的長處」，說的就是這一層道理。

在歷史上，項羽是秦末叱吒風雲的英雄人物，可是，這位蓋世英雄最後以悲劇收場，自刎於烏江畔。項羽失敗的原因固然有很多，但其中重要的一點是，他只知自己的長處而看不到自己的短處。

剛愎驕傲的結果，自然也就看不到陳平、韓信、英布……等一大批賢臣猛將的過人之處，最後逼得這些人紛紛出走，爲劉邦陣營所用。

相反的，劉邦不僅看到了自己的長處，更清楚地知道自己的短處。例如，就出謀劃策來說，他自知不如張良；就治理國家、管理百姓來說，他自知不如蕭何；就統帥百萬大軍的能力來說，他自知不如戰無不勝、攻無不克的韓信。

正因爲他熟知自己的缺陷，所以能夠十分恰當地使用群臣，把他們組合再一起，讓他們各盡其才，從而一舉奪得天下。

厚黑智典

有目標的經營才能走向成功之路，大多數的領導者有百分之九十以上的時間不知道自己在幹什麼。

——彼得·杜拉克

「全員決策」的管理模式

通過全員決策模式，可以增強員工們參與經營、管理的意識，渴望為公司的發展提出合理化的建議，體現自己的價值。

多給下屬們一點權力，並不是爲了籠絡他們，而是讓他們伸展手腳，好好地爲公司工作。

日本豐田公司的總部和各分公司，總共設有共一百三十多處意見箱，方便各級員工提供建議，此外，還對提供建議的員工進行豐厚的物質獎勵。

對於每一條合理且具有商業價値的提議，公司都會給以獎賞，最高可達二十萬日元的重賞，即使是沒有被採納的一般性建議，公司也會給予一筆小額的資金作爲精神鼓勵。

因爲有了這些鼓勵，員工建議的措施，既包括技術上改進與創新，也包括防止浪費的管理措施，還有開拓市場的新方案。

正是因爲豐田公司這些發揮全體人員創造力的舉措，才使得它的事業蒸蒸日上。到目前爲止，它的汽車已銷往世界一百多個國家，一五〇家代理店遍佈全球，五二〇〇多家特約經銷商店遍及世界各個角落，有一段時期內，它的銷售量還蓋過了美國的通用汽車公司。

著名的IBM公司，它的每一位員工都被看成是有頭腦、能出主意的人才，而不是只憑一雙手幹活的勞工。

IBM公司內部建立了多達九千多個的「職工參與運動」小組，使員工和下屬們能夠及時的對產品的質量提出意見和進行監督。

美國奇異公司是一家典型的超大型集團公司，它的十三家子公司都榮登「全球五百家大企業」的行列，從空氣發動機、動力設備到塑膠到醫療器具，通用公司幾乎無所不造。

這樣規模龐大、產品衆多的企業集團，在管理上卻採用了一種新型的「全員決策」的管理模式，讓那些平時絕少有機會互相交流、按鐘點上班的工人、中層管理人都出席決策討論會，與會者彼此平等，各抒己見。

通過全員決策模式，可以增強員工們參與經營、管理的意識，渴望為公司的發展提出合理化的建議，體現自己的價值。

通用公司的領導階層更在公司內部建立了員工溝通渠道，針對員工對公司的滿意度進行調查，以及當員工有抱怨時的處理辦法等一系列機制。

他們每半年進行一次員工滿意度的調查，發現員工對公司有不滿意的地方，就進行研究分析，並加以改善。

正是因為採取了這些措施，使得這家公司能夠在世界商業市場佔有舉足輕重的種要地位。

該公司一位人力資源部的主管說，一家健全的公司應該把員工分為四類。

第一種人是能力態度都好，對於這種員工應當重視他們，並加以培養和重用。如果對這種人才重視不夠，就可能造成人才的流失。

第二種是態度好但能力一般，對這種員工應該加以培訓，給他們機會，如果能力確實不能再提高和發展了，也只能被淘汰。

第三種是態度差但有一定能力，這種人很難管理，應當從企業文化方面進行薰陶，多和他們溝通，轉變其態度。

第四種是態度和能力都差的人，對這種人當然就沒什麼好說的，只能解雇。

厚黑智典

猶豫不決就像繼子：如果他不洗手，就會因為太髒而被罵，如果他去洗手，就會因為浪費水而被罵。

——馬達加斯加諺語

小心最賞識的人背叛你

所謂的人才很難辨識，但假如能知微見著、察言觀色，由表及裡地對一個人進行觀察審視，就不會被奸佞之徒蒙蔽。

中國古代政治思想家常常強調：「事之至難，莫如知人」，認爲世界上最困難的事就是知人。

人可以說是最複雜的動物。因爲，有的貌似賢人而實際上是強盜，有的外表謙恭但是實際上高傲輕慢，有的看似謹愼然而內心浮躁，有的外貌精明而實無才能，有的貌似忠良而心存狡詐，有的喜歡談論計謀而缺乏決斷，有的外似果敢而實際是蠢材，有的外似誠懇而行事奸猾。

也有的人外表糊塗而內心精明，有的外表孤傲而實際上平易近人，有的外貌嚴厲而內心溫和。

人往往難以從外貌看出眞正的內在。尤其是表裡不一而又善於僞裝的人，就更難辨別了。有些奸猾狡詐之徒常隱藏起自己的眞實目的，把卑劣的野心掩飾起來而一副大公無私的模樣，把邪惡裝飾成正直的樣子，而且以此迷惑別人。

這方面的例子在歷史上多得不勝枚舉。

東漢光武帝劉秀被龐蔭蒙蔽便是典型的例子。龐蔭在劉秀面前，表現得相當恭敬、謹愼、謙虛、順從，劉秀便認爲龐蔭對自己忠心耿耿，多次公開讚美龐蔭是賢能之士。其實，龐蔭是一個很有野心的人，表面上效忠劉秀，暗地裡卻伺機而動，當軍權一到手，便勾結敵人，把和他一起奉命攻擊敵人的自家兵馬消滅了。

最賞識的人背叛了自己，這對於劉秀來說，不啻當頭一棒，使他氣得七竅生煙，後來，雖然他把龐蔭消滅掉了，但是由於錯用人而遭受了巨大且難以彌補的損失。

劉秀之錯，錯在被龐蔭製造的假相迷惑了。

龐蔭是來自敵方的降將，還沒有重大貢獻足以證明他的忠心，劉秀就對他信任有加，最後遭到背叛，只能怪自己不長眼睛。

劉秀是一個深謀遠慮的人，以誠信待人、知人而善任著稱，不少人因爲他的賞識而成爲東漢時代的英才。但「智者千慮，必有一失」，當他被奸臣的表面言行所迷惑的時候，也難免犯下了終身難忘的錯誤，這也證明了識才的艱難。

所謂的人才，事實上很難辨識，但假如能知微見著、察言觀色，由表及裡地對一個人進行觀察審視，就不會被奸佞之徒蒙蔽，就會看穿這個人的眞實模樣，對他有眞正瞭解。

厚黑智典

一個在吃東西和睡覺方面很有能耐的人，通常幹不出其他有能耐的事。

——法王路易十四

讓自己的讚美恰到好處

領導想要滿足下屬心理與精神上的需要，必須要很有技巧，使用得當，可以倍增自己的威信，順利地開展工作，使手下愉快地接受和聽從指示、命令。

讚美一個人要發自內心，說話時要真誠，有具體內容。與其隨便、胡亂地誇獎一個人，倒不如不誇獎。

如果你的下屬並沒有良好的表現和成績，你卻言不由衷地加以稱讚，他們不僅不會領情，反而會以為你是別有用心，在找機會挖苦、嘲諷他們，如此一來，便影響你在他們心目中的形象。

因此，讚揚時，一定要有可讚揚的事實和內容，語言要發自內心，態度要真誠。

適時表揚與讚美別人，是處理好人際關係的重要手段，那種吝於誇讚別人，不看別人成績與優點的人，是不受歡迎的。

有些人經常挑三剔四，或出於嫉妒，或因為無知，對別人的優點視而不見，卻總是用放大鏡來觀察別人的缺點或短處。這種人無論到哪裡，都很難和諧地處理週遭的人際關係。

因為，任何人都有獲得別人表揚與讚美的心理需求，無論是家人、夫妻、同事、同學、左鄰右舍，或是上下級之間，表揚與讚美都是維繫彼此關係，所不可缺少的潤滑劑。

尤其是領導者對於下屬，讚美更會有超出其他一般性質表揚的作用，因為，領導出言表揚與讚美，就意味著下屬的工作受到了肯定。

得到了領導的重視與注意，不僅會使被表揚的人更加努力工作，而且還會使他對領導產生好感。

但是，領導者想要滿足下屬這種心理與精神上的需要，必須要很有技巧。

使用得當的話，可以倍增自己的威信，順利地開展工作，使手下愉快地接受和聽從指示、命令。

反之，領導只一味指責下屬的不足和缺點，或是不加選擇、濫用讚美的手段，效果都會適得其反。

因此，一個英明的領導人要使自己的表揚與讚美恰到好處，一定要掌握一些這方面的策略。

厚黑智典

不要告訴別人應該怎麼做，只要告訴他們你所期望的結果，他們就會用自己的創造力讓你驚訝不已。

——巴頓將軍

如何讓讚美發揮最大功效？

那些哪怕是表現極為普通的下屬，也一定有他獨特的優點存在，哪怕它只是一個小小的優點，領導也要予以挖掘並表揚，使他感受到自己存在的價值。

表揚人要在公眾場合，而批評人卻要在私底下。

每個下屬都希望得到領導者的表揚，因爲這就意味著自己的工作受到了肯定，也說明自己在領導心中有一定的地位。同樣的，領導者也要不斷地通過表揚與讚美下屬，使他們有一種成就感。

但是，並不是所有的表揚與讚譽都能獲得良好的效果，事實上，不加注意、隨意的表揚或讚美，往往還不如不表揚。

．要在公眾場合表揚讚美

領導者想表揚一個下屬，最好是在公衆或第三者面前，如此才或得較好或最佳的效果。美國就有一位著名的企業家說過這樣的一句話：「如果我看到了一位員工傑出的工作，我會很興奮，我會衝進大廳，讓所有的其他員工都看到這個人的成果，並且告訴他們這件工作的傑出之處。」

．要注意讚美的時機

表揚不只是事後的肯定與回憶，而應是當面和及時的。

當下屬們在業務和工作上創造了一番成績的時候，要及時加以鼓勵，這對於受鼓勵的人而言是至關重要的，因爲他會覺得，上司時時刻刻關心著自己。

例如，美國企業家老托馬斯．沃森在公司巡迴視察時，一見到下屬們有所創新和成就時，就當場開寫支票進行鼓勵，並立即貼出告示，公開予以表揚。

美國福克斯博羅公司急需進行一項生死攸關的技術改造。有一天深夜了，一位科學家忽然解決了這個問題，於是，他高興得連招呼都沒打，就闖進了公司總裁的辦公室。總裁聽完他的來由和說明後，不僅沒有生氣，反而不斷地讚美他這個方法的高明和美妙，說簡直難以令人置信，並在心裡琢磨著該怎樣給他最快的獎勵。

但是，時值半夜，總裁在辦公室的各個角落找來找去，只找到一條香蕉，於是他躬身對那個科學家說：「很抱歉，我現在實在找不到更好的東西獎賞你，這個先給你吃吧。」

自此以後，「金香蕉」形的東西，就成了福克斯博羅公司對有突出貢獻者的最高獎賞了。

‧儘量發掘屬下的優點

哪怕是表現極為普通的下屬，也一定有他獨特的優點存在，哪怕它只是一個小小的優點，領導也要予以挖掘並表揚，使他感受到自己存在的價值。

‧每一次表揚與激勵，都要給員工新鮮感

事實證明，陳舊、單調、傳統的激勵方法，已不能使員工們興奮，因而也就達

不到激勵和表揚的效果。現代企業最常用的激勵和表揚方法就是發獎金，但是，領導者們卻發現，這樣的效果往往並不是很好。

怎樣才能給員工和下屬們一些新鮮感呢？這就有賴領導者動動腦筋，別出心裁地想出新穎的辦法來，如像組織優秀員工旅遊觀光，或給他們適量的自由時間，當然還可以舉辦各類活動等。

新奇的表揚和激勵方法，會給員工們留下了不可磨滅的印象，也使表揚者得到了預期的效果。因此，表揚與激勵方式一定要富於變化。

厚黑智典

在和機器打交道的時候，你可以是完全理智的，但是與人一起工作時，有時你不得不把邏輯放在次要的位置。

——新力公司創辦人盛田昭夫

4

PART

你敢重用有才能的「仇人」嗎？

一個公司的蓬發展必須靠傑出的人才，沒有賢才就沒有一切。只有讓自己成為賢才的知己，方能成為知人善用的「伯樂」。

如何辨識人才與蠢才？

人有壞人與好人的區別，英雄有真英雄和假英雄之分，君子有真君子與偽君子的區別。識人要知微見著、察言觀色、由表及裡，這是古今中外歷史的經驗總結。

日本名古屋商工協會急需要一名管理分部的主任。於是，名鐵百貨公司社長長尾芳郎將一位自己認爲很有才能的朋友，介紹給該協會的主席土穿員夫。

經過面談後，土穿員夫告訴長尾芳郎說：「你介紹來的這位朋友不是人才，恐怕難以適任。」

長尾芳郎有點生氣地說：「你僅僅和他談了二十分鐘，怎麼就知道他不是一個人才呢？你的判斷太草率了，也太武斷了。」

土穿員夫於是向長尾芳郎詳細解釋。他說：「你的朋友剛和我一見面，自己就滔滔不絕地說個沒完，我根本就插不上嘴；我說話的時候，他似聽非聽滿不在乎，這是他的第一個缺點。其次，他非常喜歡宣傳自己的人事背景，說哪些達官貴人是他的朋友或他的親戚，某某名人是他的酒友，並一再沾沾自喜地向我誇耀，似乎想讓我知道他並不是一般人。但是，我想知道的情況他又支支吾吾，說不出來。你說，這種人教我怎麼相信他，怎麼與他共事呢？」

長尾芳郎聽完土穿員夫的話頻頻點頭，深爲他的分析所折服，也第一次眞正地認識了自己的這位朋友。

土穿員夫慧眼識人，沒有被長尾芳郎的這位朋友的表象迷惑，也沒有顧及老朋友的情面，拒絕了他介紹來的人，後來終於找到了一位眞正有能力的人。

古人有云：「人之難知，不在於賢不肖，而在於枉直。」

意思是說，識別人的難處，不在於識別賢與不肖，而在於識別虛僞和眞誠。因爲，人有壞人與好人的區別，英雄有眞英雄和假英雄之分，君子有眞君子與僞君子的區別。有人表面誠實而包藏禍心，有人大智若愚，表面看來一副愚笨的樣子，而實際上是一個聰明透頂的人。

總之，優秀的人才與劣等蠢才，具有眞才實學的人與濫竽充數的人，常常混雜在一起，要在良莠不齊的人群中識別出眞正的人才，是一件困難的事情。

不過，識才還是有規律可循的。例如，識人要知微見著、察言觀色、由表及裡，這是古今中外歷史的經驗總結，也是現實生活中識人的重要方法。

厚黑智典

一個公司的成功與失敗，一半取決於市場的命運，一半取決於管理的水準。許多大公司之所以會倒閉，就是缺乏有效的管理。

——經濟學家戴維斯·里卡多

文憑只是一張「電影票」

學歷與實際能力之間無法劃上等號，因此，在選用人才替自己做事的時候，只有把兩者綜合考慮，才能選出真正的有才之士。

有才能的人，不一定擁有高深的學歷及文憑，相對的，擁有亮麗學歷和文憑的人，也不一定是很有才能的人。

日本新力公司的創始人盛田昭夫曾表示，他想把新力公司的所有人事檔案全都燒掉，杜絕學歷上的任何歧視。

盛田昭夫這樣說，事實上也眞的這樣做了。

本田公司的創始人本田宗一郎，四十多年前就說過一句影響深遠的名言。他說：

「文憑算得了什麼？最多像一張電影票，能保證你在電影院有一個位子罷了。」

過去，德國政府曾經規定，凡是對國民經濟有影響的大企業的管理人員和負責人，必須具有規定的高等學歷，並取得專業文憑。

隨著整個經營隊伍的高學歷化，德國公司在選拔人才的時候，要求高級職員必須具備高學歷，是很正常很自然的事情，但是，他們不僅僅注重學歷，更著重眞才實學與工作成績。

有了高學歷，僅能說明你在求學過程比別人認眞，但並不能代表你在實際工作環境中，能比別人更優秀。

事實上，有一些高學歷的人是食古不化的書呆子，也有些高學歷的人在理論知識方面講得頭頭是道，但眞正行動起來，卻一籌莫展、寸步難行。這類人就是中國俗語所說的「眼高手低」。

企業要在新世紀繼續生存發展，就必須靠眞功夫打天下，「紙上談兵」並不能解決問題。因此，目前許多企業聘請的管理專家，不僅要有博士、教授、工程師職稱，而且還要有在企業基層、實際部門和領導機構工作的豐富經驗。

盛田昭夫燒掉人事檔案的做法是否可取，還有待商榷，但他不重高學歷，只重實際工作能力的評斷標準是值得稱頌和借鏡的。

但這並不表示，在招聘人才的過程中，對高學歷的人就該貼上「能力低下」的標籤，而是不論學歷高低，都要仔細檢驗他們的實際工作能力。

學歷與實際能力之間無法劃上等號，因此，在選用人才替自己做事的時候，只有把兩者綜合考慮，才能選出眞正的有才之士。

這是我們從盛田昭夫燒毀人事檔案的事例中，應該得到的最大啓示。

厚黑智典

思想和戰略固然很重要，但是要用哪些人實施這些思想和戰略，其實才是最大的挑戰。

——美國作家P・J・貝利

你敢重用有才能的「仇人」嗎？

一個公司的蓬發展必須靠傑出的人才，沒有賢才就沒有一切。只有讓自己成為賢才的知己，方能成為知人善用的「伯樂」。

用人做事之際，不能受私人感情的影響，應該以整體利益和長遠發展爲重，公平公正地擢用人才。

因爲，只有沒有私心的人，才能獨具慧眼識賢識才，才能大公無私，即使是自己的仇人，只要具有獨特的才能，也同樣能加以舉薦。這是識賢用人必須具備的最重要品德。

在歷史上，凡是成就大功大業的人，往往視事業高於一切，爲了成大業，可以不計個人的私怨。

例如，齊桓公為了稱霸圖業，可以忘記管仲射殺他的一箭之仇而加以重用，後來成為春秋五霸中的第一個霸主。

晉國中軍尉祁奚更是做到只要是賢才便加以推薦，不論是自己的親人或仇人。他先後舉薦了自己的仇人解狐和自己的兒子祁伍。這種「外舉不避仇，內舉不避親」的精神，被傳為薦賢舉能的千古佳話。

另外，唐太宗李世民大膽任用曾經處處與他為難的魏徵，努爾哈赤重用曾射傷自己的額爾甲尼，都是深具遠見卓識的用人典範，這也正是他們能成就曠世功業的重要原因。

與此相反的，劉備雖然被稱為「仁君」，也以知人善任著稱於世，但他為了鞏固自己親生兒子劉禪的統治地位，而不顧兒子是一個十足的庸才，不惜殺害驍勇善戰的養子劉封，成為他一生中不可磨滅的污點。

一個領導者一旦懷有私心，就會厚愛庸才、奴才，導致賢人受屈、奸人當道、禍亂四起，這無疑是血淋淋的歷史教訓。

所謂「士為知己者死」，從古至今莫不如此。當你慧眼獨具，從芸芸眾生中發掘出人才時，他定會竭盡心力回你的知遇之恩。

一個公司的蓬發展必須靠傑出的人才，沒有賢才就沒有一切。只有讓自己成爲賢才的知己，方能成爲知人善用的「伯樂」。

厚黑智典

很多人是用這樣的眼光來衡量人才的：他們不敢使用一個真正有價值的人，光搜羅了一幫無用的糊塗蟲。

——俄國作家克雷洛夫

「面試」是選用人才的有效方式

面試是許多公司、企業在人才市場招聘人才所採用的方式。一個人光看他的學經歷和外表、簡介還不行，應該進行當面測試，才能知道是不是真正有才能的人。

中國古代的選才制度——科舉，可以概括成一個字，就是「考」。現代企業張榜招賢，有的也是用「考試」來選拔人才。

考試是一種古老的方法，這種方法一直沿用至今，只是內容、方法、形式等出現了變化，但不管怎樣，考試的目的並沒變，那就是要通過考試選拔出眞正的人才。中國古代的科舉考試中，儘管選拔人才的過程受到當時各種因素的制約而不可能達到盡善盡美，但這種選才形式，基本上是公正客觀的。

今天，當企業使用這種方法選拔人才時，已經在許多方面做了全新的改變和嚴格的要求，例如，從考試內容、形式到考試制度的完善等方面。

就形式而言，考試可以分成許多不同類型，當前較爲流行的一種形式是面試。面試是許多公司、企業在人才市場招聘人才所採用的方式。一個人光看他的學經歷和外表、簡介還不行，應該進行當面測試，才能知道是不是眞正有才能的人。一般來說，面試可以通過如下程式完成：

1.利用媒體或網路刊登招聘的資訊。

招聘資訊的形式五花八門，但應該注意兩點，一是資訊刊載要準確，不能華而不實；二要充分發揮招聘資訊對優秀人才的吸引力。所謂「巧婦難爲無米之炊」，沒有優秀人才前來應聘，面試也就變得了毫無意義。

2.設計好「應聘人員登記表」。

表格應該能夠反映應聘人員的基本背景情況、個性心理特徵、經濟狀況、工作經歷，以及他對招聘企業的瞭解情況。

3.組織多種形式的考試和測驗。

考試和測驗的內容應該根據企業的要求進行設計。一般應涉及的內容有：專業技術知識和技能考試；一般知識能力測驗、特殊能力測驗、智力測驗、個性心理測驗、職業成就測驗、工作動機和需求測驗。

4.確定面試人選，發出面試通知，準備面試考試。

其中主要工作有：確定面試考官，主要由三部分組成，即人事管理部門、用人部門和獨立評選人；選擇合適的面試方法，設計評價表和面試問話提綱。

5.實施面試過程。

過程中要充分發揮面試者的面試技巧與控制面試的實際操作能力，然後分析和評價面試結果，確定錄用人員。

厚黑智典

我不喜歡僱用所謂的諮詢師，因為他們就像是被閹割的公牛，唯一能做的事就是不斷提出建議。

——美國企業家威克特・凱姆

你懂得如何面試嗎？

負責面試人員應該學會聽話的技術，這是整個面試過程中最為重要的一環，恰當的沈默則是面試中最高明的技巧。

面試有一定的技巧，唯有優秀的面試人員，才可以通過聽、問、察等多種方式，招聘到真正的人才。

具體來說，舉行面試首先要懂得問話的技巧。任何面試，都是面試者首先提出問題，這些問題應該按照招聘單位的性質和工作要求而設計，因此面試者在面試之前，心中要有明確的提問目的和提問計劃。

提問的計劃不可一成不變，必須視面試的現場而定。

但是，面試所提的問題應該明確、具體、恰當，要與選才的目的有關，不能天南地北地亂問一通。

並不是每一個應試者一開始就能做到從容鎮定，因此爲了充分發揮應試者的水準，所提的問題可以先易後難，然後選擇有利或適當的時機，向應試者提出最難最關鍵的問題。

其次，負責面試的人員應該學會聽應試者說話的技巧，這是整個面試過程中最爲重要的一環。

面試中，說話的主角只能是前來應試的人。任何一個試圖賣弄自己的知識常識而滔滔不絕的面試人員，絕對是神經錯亂的表現。

大多數時候，面試者僅僅應該把自己當作一個高明的聽衆，要懂得從應試者的談話當中，找出評估應試者的資訊。

負責面試的人在適當的時候要學會沈默，恰當的沈默，可以說是面試中最高明的觀察技巧。

每當面試人員問完一個問題後，應該保持適度的沈默，看看應試者的反應如何，最好不要在應試者還沒有開口回答時，或者認爲他不瞭解你的問題時，立刻又解釋一遍你的問題。

這時，你若保持沈默，就可以觀察到他對這個問題的反應能力。

因爲，應試者面對沈默，通常會補充幾句，而那幾句話通常是最重要，也是他最想說的幾句。

厚黑智典

人唯一的資產就是腦力，但是在這個世界上，能夠提昇自己價值的人，僅僅佔十分之一，其餘的人則不值一提。

——投資理財專家彼得．維米萊

物質與精神的鼓勵一樣重要

錢當然是有效的激勵因素，不過，其他方面的激勵同樣有效。如果沒有贊許、參與和溝通相配合，光是金錢並無法使員工創造較高的工作效率。

第一等的領導者以德服人，不入流的領導者則以權壓人。

下屬們在業務上締造佳績，爲公司或企業的發展做出了貢獻，領導者除了要在精神和名譽上給予鼓勵外，還應該適當地在物質上給予滿足。這是許多優秀領導人遵循的管理和用人之術。

精神上的鼓勵對於企業文化和團隊士氣固然很重要，能夠滿足下屬們心理上的需求，讓他們對自己的工作有所肯定。但是有時候，物質方面的刺激力量，也是必不可少的。

從表面上來看，物質刺激可能會分掉公司的一部分利潤，但員工們獲得了獎勵，就會更加齊心協力幫助公司，把公司利潤「大餅」做得更大。

美國的麥考密克公司就很成功地運用了這種獎勵方法。

當時，許多公司都因爲經濟不景氣，紛紛採取裁員或減薪的措施以求渡過難關，但是，麥考密克公司的總裁C．麥考密克卻反其道而行。

他採取的方法既不是裁員也不是減薪，而且宣佈每個員工薪水增加十％，而且工作時間縮短。他並鄭重宣佈：「本公司生死存亡的重任落在諸位身上，希望大家能同舟共濟、協力渡過難關。」

下屬們聽到這個消息時，不禁驚愕萬分，覺得不可思議，其他公司甚至認爲這是自取滅亡的做法。

但是，麥考密克的驚人之舉很快就見效了，他的做法使得全公司士氣大振，在全體員工共同努力下，公司終於順利地渡過了難關。

當然，要激發員工的積極性，不能光靠金錢和增加薪資的方法。

錢當然是有效的激勵因素，在激勵的過程中毫無疑問是必須的，不過，其他方面的激勵同樣有效。如果沒有讚許、參與和溝通相配合，光是金錢並無法使員工創造較高的工作效率。

譬如，你辛辛苦苦、汗流浹背地完成一件任務，上司卻只是冷冷地遞給你應得的薪資與獎金，連一句表揚與感謝的話也沒有，你會有什麼樣的感受呢？因此，金錢加上慰撫，才能使員工工作更有勁。

美國有一項調查顯示，員工的擁有權和歸屬感，對公司的業績和生產率的提高有正面的影響。

爲了員工作出回報及激勵，高薪及獎金等雖然不可缺少，但同時可以考慮讓你的下屬和雇員對公司也擁有一定的股份，倘若他們本身成爲公司的股東，歸屬感必然就較強烈，工作起來也自然就賣力得多。

另外，資訊分享及參與管理，也可帶動下屬和雇員的積極性。當員工們學識水平較高、獲得豐富資訊時，對公司的期望值相對也會提高。因此，公司的資訊必須有一定程度的公開，因爲，管理決策的透明度增加，能夠加強雇員們的信心。

培訓不僅能使員工和下屬們應付不斷發生變化的工作和挑戰，更能令他們有足夠的信心來面對將來，同時，更重要的是，培訓也代表了公司對員工們將來利益的重視，這種投資往往可以大幅度帶動他們爲公司工作的積極性。

爲了更有效地激勵員工和部屬，內部升遷機制是不可缺少的。倘若沒有內部升遷機制，員工們看不到自己勤奮盡忠的前景，自然不會努力工作、接受培訓和鑽研技術。因此，沒有良好的升遷制度，往往是造成士氣低落的原因。唯有給公司員工預留寬闊的升遷空間，他們才不會失望，才會覺得辛苦中就會有代價。

厚黑智典

如果你沒有戰略遠見，那麼你所擬定的一切戰略規劃根本就一文不值。

——《大趨勢》作者奈斯比特

關心，是走向成功的捷徑

關心不僅是領導者與下屬間進行感情溝通一種最直接、最有效的辦法，也是領導樹立自己形象與威望的一個捷徑。

要知道，有些我們認為的小事，在當事人眼中卻是大事。因此，關注他人小事的人，往往更能得人心。

任何人都希望得到別人的關注，即使是陌生人一聲友好的問候，有時候都會使我們的心情快樂不少，更不用說有直接利益關係的領導者的關注了。

關注不僅是領導者與下屬間進行感情溝通一種最直接、最有效的辦法，也是領導樹立自己形象與威望的一個捷徑。

最簡單的關注是在路上碰到自己的下屬時，和顏悅色地主動打招呼問好。這樣會使他有一種受寵若驚和願意做出回報的心理。

當然，最有效果的關注是對自己員工生日的問候。過生日似乎是員工自己的私事，但是，國外一些公司卻證明，這是非常有效的一招——關懷員工的生日，儘管禮物不是由領導者親自送出，卻是由領導者署名。員工不自覺地會把這筆「人情帳」記在公司的領導者身上。

還有，記住一個人的名字，也是關注下屬的一個重要方法。

聞名全球的國際通用機器公司，在關心和考慮員工的需要方面就做得非常成功。有一次，公司的領導們租用了新澤西州的一家大型體育場，進行一場推銷員間的友好比賽。上司們讓「運動員」們一個個從通道口跑進運動場。每跑進來一個，電子記分板就向全場的觀眾們亮出名字。

同時，在每一場比賽中，公司總部的領導人以及其他部門的同事，還有「運動員」們的親戚朋友都到場觀看並爲之喝彩。

正因爲國際通用機器公司創造了一種和諧的環境，能夠滿足包括推銷員在內的員工們的心理需求，使得員工們樂意爲公司奉獻，它的銷售量自然節節上升。

當然，關注下屬絕不能單調化、僵硬化，它的內容是非常廣泛的，它需要領導者有一顆真正的關愛下屬的心。它的形式也多種多樣，包括與下屬生活相關的一切衣食住行等，都應該在領導者的關愛之列。

例如，下屬生病了，就不能只限於准不准假的問題，領導者還應該去醫院探望。員工某一段時期怏怏不樂，領導就應該主動詢問和安慰。

通過這些體貼入微的行動，讓自己的員工和下屬感到溫暖親切，就會無形中提高領導者在下級心目中的威望。

厚黑智典

獨攬一切，把所有榮譽都劃歸自己的人，是不會成為卓越的領導者的。

——鋼鐵大王安德魯・卡內基

別用多才缺德的小人

許多傑出的管理專家都強調，選用人才的時候，必須堅持一個共同而客觀的標準，這個標準就是要堅持德才兼備。所謂的德，指的是一個人的操守品德；才則是指智慧才幹等。

人才有兩種類型，一種是理論型，一種是事業型。不管是哪類型人才，唯有不斷累積知識和經驗才能脫穎而出。因此，德才兼備的人才，事實上是經過不斷的學習和磨練而形成的。

中國古代的人才運用術，一言以蔽之，就是領導統御的關係。用人之際，才與德兩者都很重要，但是選用的人才，如果同時具備高貴的品德，則尤其可貴。

宋代名政治家兼文學家司馬光在《資治通鑑》中認爲：「取士之道，當以德為先，其次經術，其次政中，其次藝能。」

在他看來，選用人才的重要原則，應該是把德行的考核放在首位，然後是經術，然後是政事，其次才是藝能。這種以德行爲重的說法，事實上也反映了中國古代選用人才的傳統思想。

唐代名臣杜佑也指出：「若以德行為先，才藝為末，必敦德厲行，以佇甲科。豈舒俊才，沒而不齒，陳是長者，拔而用之，則多士雷奔，四方風動。」

意思是說，用人之時，如果以品德節操爲首要標準，把才能技藝列爲其次，必定會使人們加強身心修養，勤奮向學，以榮登科舉考試最優秀之列。如此一來，俊才就不會遲遲不能發揮才華、受到埋沒而不被錄用；通過排列比較這些人才，選取拔尖的人加以善用，一定會使許許多多人受到鼓舞，進而被吸引，從四面八方來蜂擁而來。

杜佑的說法，主要是強調，應該以德行爲科舉取人的根本，認爲才藝僅僅是次要的審核標準。

諸葛亮在「隆中策」中預見天下三分，充分顯了他的智慧才幹，後來「鞠躬盡瘁」效忠於蜀漢，更展現出他的高風亮節。他個人行徑如此，在選用人才時也是以德才兼備做爲準則。

諸葛亮第一次北伐前，曾向蜀漢後主劉禪上疏，即有名的《前出師表》。裡頭強調說：「親賢臣，遠小人，此先漢所以興隆也；親小人，遠賢臣，此後漢所以傾頹也。先帝在時，每與臣論此事，未嘗不歎息痛恨於桓、靈也。」

桓帝和靈帝都是東漢末年的皇帝，兩人都寵信宦官、重用外戚，任由宦官外戚專政，兩派人馬相互傾軋之下朝政腐敗，民不聊生，社會動盪不安，造成後來群雄並起，相互攻伐，從而形成三國鼎立的局面。

諸葛亮上《前出師表》之時，劉備已經病逝白帝城多年，他悉心輔佐後主，因此在出師北伐之前，總結了前漢與後漢的經驗教訓，藉以告戒後主劉禪，不要「親小人，遠賢臣」，而要「親賢臣，遠小人」，如此才能使蜀漢興隆，進而消滅曹魏，光復漢室。

選人應該以品德爲先，其次才是才學，就是要防止重才輕德的現象出現。有才而缺德，這樣的人終究只是奸才、歪才、邪才、刁才。

當然，在要求表現的現代社會裡，光有品德而沒有才能的人，根本不可能會成爲國家或企業的棟樑。

有德而無才的人，只是忠厚老實的人，他們往往盡心盡力，任勞任怨，但缺乏才氣，很難成就輝煌的事業。

綜觀古代的用人哲學與現今的時勢潮流，新時代的選拔人才，有三個更積極的標準：一是品德，二是器量，三是才幹。

品德，即剛直無私，忠誠廉潔，但不能只是庸碌無爲，如果無人誹謗也無人讚揚，那就稱不上是人才。

器量，指能夠虛懷若谷地接受正確的意見，以寬闊之心容納賢才，而不能只是城府深沉，喜怒不行於色。

才幹，是指才華洋溢，充滿智慧，能夠隨機應變，而不是口齒伶俐，只會賣弄小聰明的狡詐之徒。

只有這三條標準兼顧，才能選出眞正的人才。否則，即使有精明的頭腦、過人的的才能，也不能委以重任的。

當然，要成就一番偉大的事業，要選出眞正德才兼備的人才，首先，領導者本身就必須是一個德才兼備的人。

因爲，識賢需賢人，同樣的，選賢也必須是賢人。領導者是什麼樣的人，往往決定了他會選出什麼類型的「人才」。

厚黑智典

如果你擁有敏銳的觀察能力，通常會被那些不具有這種能力的人稱之為「犬儒主義」。

——劇作家蕭伯納

李嘉誠如何讓員工為自己賣老命？

要記住，不是老闆養活了員工，而是員工養活了老闆。因此，公司應該多感謝他們、愛護他們才對。

一個英明的領導者必須具備愛才之心，要眞心誠意地關心、愛護那些擁有眞才實學的人。

不能愛護人才的人，很難發掘眞正的人才，也無法留住人才。

所謂愛護人才，就是要關心、照顧他們的前途和生活，幫助他們克服與解決人生道路上所遭遇到的種種困難。

只有懂得愛護人才的人，才會是最後的大贏家。

香港首富李嘉誠在談到老闆與員工的關係時，說過一番很有見地的話：「要記住，不是老闆養活了員工，而是員工養活了老闆。因此，公司應該多感謝他們、愛護他們才對。」

「假如今天，沒有那麼多有才能的人替我辦事，我就是有三頭六臂，也沒有辦法應付那麼多的事，所以，成就事業最關鍵的是，要有人幫助你，樂意跟你工作。」

李嘉誠認爲，作爲一個企業家，自己所賺的已經超過員工許多，所以，總不忘提醒自己，要多爲員工考慮，讓他們得到應得的利益。

他認爲，除了生活，應給予員工好的前途，並且，一切以員工的實際利益爲重，特別當他們年老的時候，公司應該給予絕對的保障，如此才使員工對公司有歸屬感，以增強企業的凝聚力。

李嘉誠不僅是嘴巴上說說而已，事實上，在拓展事業的同時，他也身體力行地盡力去照顧自己的員工。

北角的長江大廈是李嘉誠擁有的第一棟工業大廈，是他房地產業的基石，也是他獲得「塑膠花大王」盛譽的老根據地。

七〇年代後期，香港社交名人林燕妮爲她的廣告公司租場地，曾到過長江大廈看樓，發現李嘉誠仍在生產塑膠花。

此時，塑膠花早已經過了黃金時代，根本無錢可賺，而且，李嘉誠當時在香港房地產業的盈利十分可觀，就算生產塑膠花仍有微薄小利，但是，和房地產比起來，無異於九牛一毛。

對此，林燕妮甚感驚訝，隨即明瞭李嘉誠不外是顧念著老員工，給他們一點維持生計的工作做。

後來，長江大廈出租，塑膠花廠停工了，不過，老員工仍然獲得了安排，在大廈幹管理工作等事宜。對老員工，李嘉誠是很念舊的。

在另一些場合，有人提起李嘉誠善待老員工的事，對此，李嘉誠有自己的一套理由和解釋。

他強調說：「一個企業就像一個大家庭，他們是企業的功臣，是一個家庭的長輩，理應得到這樣的待遇。現在他們老了，作爲晚輩的我，就該負起照顧他們的義務。」

在現實社會裡，有不少老闆待員工老了，就絕情絕義地一腳把他們踢開，李嘉誠卻不同，這種態度和精神很可貴。

對此，李嘉誠一貫的解釋是：「老闆養活員工，是舊時老闆的觀念。應該是員工養活老闆，養活公司。」

李嘉誠對待員工或老員工尚且如此，對手下的有才能的人又何嘗不是？

李嘉誠縱橫商場半個多世紀，手下將才莫不忠心耿耿，始終與公司風雨同舟，堪稱奇蹟。

厚黑智典

天下沒有注定一定會倒閉的企業，只有不會運用人才、經營不善的企業。

——李·艾科卡

「怪胎」有時就是優秀人才

正常人的發展會有極限，「不正常的人」反而不可限量，往往會有驚人之舉。對於怪才，如果運用得當，將會有意想不到的驚喜。

沒有個性鮮明的人才，就不會產生出獨具特色的產品。「怪才」言行舉止雖怪，有時甚至怪得令人難以理喻，但往往正是這種「怪才」才有出奇制勝的本領。

日本的本田技術研究所，就專門招收個性異於常人的「怪才」。

本田公司的職員大致是兩種人：一種是狂熱的「本田迷」，即對本田汽機車喜愛到入迷的程度，他們不計較工資待遇，而是想親手研製發明新的本田汽機車；另一種是性格稀奇古怪的人才，他們或愛奇思異想，或愛提不同的意見，或者熱衷於發明創造。

有一次，本田公司在招收優秀人才，主事者對兩名頗具才華的青年取捨不定，於是向本田宗一郎請求指示，本田隨口便答道：「錄用那名比較不正常的人。」

本田宗一郎之所以會有這種想法，是因爲他認爲，正常人的發展會有極限，「不正常的人」反而不可限量，往往會有驚人之舉。

這種獨特的選才方法，對本田公司創業不到半世紀就發展成爲世界超級企業，其實有相當大的刺激作用。

本田宗一郎還認爲，對員工必須放手，但要提出高目標，至於如何達到，主管無須插手干預，應該讓怪才們自己去想辦法，因爲，人只有被逼急了，才能激發出創造性。後來，在美國屢次獲得汽車設計大獎的本田新型汽車，都是那些被視爲「怪胎」的人發明的。

同樣的，在日本一向以獨創技術馳名的新力公司，也以重用「怪才」出名。

新力公司曾經在成倍數增長的計算機市場上落後於其他公司，新力高層知道，想要後來居上，必須及早推出新產品。然而，如果按照常規讓研發部門研製新產品，至少得花費兩年以上的時間，這樣一來，顯然不利於市場競爭。

於是，新力高層做出一項出人意料的決定——在企業內部公開招標。結果，三位被認爲是「超級怪胎」的員工得標。儘管不少人反應，這三個人自尊心太強、怪點子太多，而且極爲孤傲不合群，但新力高層卻決定放手一搏，讓他們自行決定課題、經費、時間、設備，一切均由他們自主。

結果，這三個怪才只用了半年時間，印有新力商標的精密計算機就出現在商店裡，不但性能高於同類產品，價格也便宜一半。新力挾著新產品攻城掠地的結果，佔據了電子計算機的大半市場，使其他廠家望塵莫及。

本田和新力的例子說明，對於怪才，如果運用得當，將會有意想不到的驚喜。

厚黑智典

不要相信那些陳腔濫調，一個真正優秀的人才，經常是第一個或幾乎是第一個完成工作的人。

——富比士

5

PART

你敢用比自己更聰明的人嗎？

美國廣告大師奧格威說：「如果你永遠招聘不如你的人，我們就會成為侏儒的公司。反之，如果你永遠招聘比你優秀高明的人，我們就會成為頂天立地的巨人公司。」

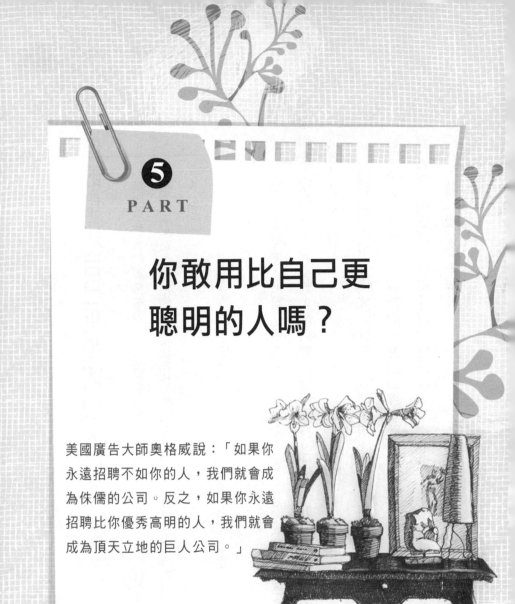

你敢用比自己更聰明的人嗎？

美國廣告大師奧格威說：「如果你永遠招聘不如你的人，我們就會成為侏儒的公司。反之，如果你永遠招聘比你優秀高明的人，我們就會成為頂天立地的巨人公司。」

凡是唯才是舉、惟賢是用的人，在事業上無不取得成功。但是，從人的虛榮心和安全感而言，大多數人卻只願意選用比自己稍遜一籌的人來做下屬，而不願聘用比自己更聰明的人。

這種錯誤的用人模式，在公司草創之初問題並不明顯，因爲這時公司的業務活動還不多，只要有一個精明能幹的領導者就應付得了。但是，隨著業務不斷發展，倘使每一級管理人員都錄用比自己差一些的下級，那麼整個公司便會成爲「侏儒公司」，難以繼續向上成長。

當你的企業不斷發展，你對整個公司的業務，其實已無暇全面具體地顧及了，只能從宏觀的角度上進行管理。而一個比一個遜色的下屬，只會使你的公司暮氣沈沈，日薄西山。所以，爲了整個公司的發展大局，應該勇敢聘用能力超過自己的強人，公司才會再一次蛻變飛昇。

過去，義大利首屈一指的飛雅特汽車公司，名列世界上大汽車公司之一。但是，誰也沒有料到，這家赫赫有名的汽車公司，在一九七九年之前的十年裡，竟然是一個瀕臨倒閉的公司。

當時，飛雅特汽車公司連年虧損，無法再募集資金進行增資，被迫將十三％的股票賣給了往來銀行。面對這種困境，飛雅特集團的老闆艾格龍尼家族，最後決定大膽任用經營能力強過他們的吉德拉，任命他爲飛雅特汽車公司的總經理，將公司交給他獨立經營。

吉德拉管理才能出衆，個性平易近人，而且具有不屈不撓而又吃苦耐勞、腳踏實地的性格，艾格龍尼家族正是看中了他的這些優點，因此特地邀請他到飛雅特汽車公司任職。

吉德拉上任後，果然出手不凡，大刀闊斧地進行了一系列創新而有效的改革。在他的整頓下，飛雅特汽車公司很快地擺脫了困境，提高了勞動生產效率，到一九八四年，汽車的銷售量終於達到了一百多萬輛，躍居歐洲第一位。吉德拉本人也因爲經營有方而聞名，被人們稱之爲歐洲汽車市場的「霸王」。

「選用人才的時候，最常犯的大錯誤就是意氣用事，沒有選用比你高明的人。」彼得·杜拉克這番話堪稱是至理名言。

這個道理其實很淺顯，因爲，假如你招攬的人都比你愚蠢，那麼，他們就會變成你的累贅，豈不等於是搬石頭砸了自己的腳？

公司對外招聘人才的過程中，很容易使領導人因爲擔心自己被取代，而失去安全感，因此不知不覺中便會選用一些平庸的人。

我們常常可以看到，某些高級主管錄用了一些光會吹牛拍馬的人，然後又整天大嘆：「眞不懂這些人爲什麼毫無創意」；某些小企業的老闆故意用一些外表似乎不錯，但卻無法開發客戶、無法獨立作業的人。

領導人在選用才時，要自己以身作則，招攬第一流的人才，否則的話，你的公司將很快淪爲「侏儒公司」，望不見更高更遠的前景。

美國廣告大師奧格威有次在董事會議上，生動地說明了這一點。他在每一個董事的座位前都放了一個俄羅斯娃娃，然後對列席的董事說：「這就是你自己，打開來看看。」

董事們依言打開了一個洋娃娃，發現裡面還有一個更小的娃娃。把第二個娃娃打開一看，裡面又有一個更小的娃娃。一直開到最小的娃娃時，裡頭有一張奧格威寫的字條：「如果你永遠招聘不如你的人，我們就會成為侏儒的公司。反之，如果你永遠招聘比你優秀高明的人，我們就會成為頂天立地的巨人公司。」

厚黑智典

一個好的想法會使你整個上午保持清醒，一個偉大的想法則會使你整個晚上都保持清醒。

——美國金融家伯納·德巴魯克

把員工利益與企業興衰綁在一起

只有把所有員工的利益與企業的興衰互綁在一起，才能使員工們為了自己的利益努力工作，積極發揮他們的主動性，為企業的繁榮獻計獻策。

要使一個企業蓬勃發展，最有效的方法是：把每一個員工個人切身利益，與企業的發展效益緊密地結合在一起。

國外在這方面有很多經驗值得我們借鏡。

例如，美商公司的總裁年薪都特別高，如電腦製造商惠普公司的總裁年薪，就曾高達二五〇〇萬美金。

這麼高的報酬的確令人興奮，但他們的責任和擔子也特別沈重，一旦沒有達到董事會明定的目標，就會迅速遭到解雇。這種模式迫使這些坐領高薪的高級主管，必須使出渾身解數來增進公司的利益。

在這方面，美國某些大公司還有一個絕招，那就是通過股票認購來刺激這些資深管理者的積極性。

因爲在美國，企業最看重的是股價的表現，投資者買入股票，就是希望股票不斷攀升，從中獲取利潤。

所以，有些公司的經營階層除了董事會所給予的基本年薪、分紅外，還會獲得一些公司的配股和股票認購權。這樣一來，經營階級的表現就與股價，也就是與自身的利益緊密相連了。

正是基於這樣的關係，許多美國企業的董事會紛紛商定，在未來幾年內，公司的經營階層或總裁，可以用一定優惠的價位來購買本身公司的股票。這種做法，目的最明顯不過了，就是要驅使這些經營精英盡力提高公司的獲利效益，因爲只有獲利效益增加，股價才會上升，經營階級也才有利可圖。

不只是在經營階層，即使是對普通的員工，許多企業也實行了這個制度，以優惠或無償派分方式，鼓勵員工們購買本公司的股票。

目的就是把所有員工的利益與企業的興衰捆綁在一起，從而使員工們爲了自己的利益努力工作，積極發揮他們的主動性，爲企業的繁榮獻計獻策。

厚黑智典

一家公司在激烈競爭中獲勝的關鍵在於領導者的主張，以及所用之人對他的信仰。

——李維牛仔庫執行長羅伯特·哈斯

效法蕭何月下追韓信

人才是國家之寶，也是企業之寶。正因為如此，古人在評斷一個君主時，不觀其氣勢強弱、眼前規模大小，而著重於他所用的人是否賢能。

一九八五年，上海一家頗有名氣的國營西服店發生經營危機，負責衣料加工的技術人員先後離職而去。風聲鶴唳的影響下，店內員工人心浮動，有些員工雖然沒有離職，但也無心幹活。

後來，情況更加嚴重，連擔任副總經理、負責設計製作衣服的老師傅，看到這種人心渙散的局面，也感到心灰意懶，春節假期回老家探親之後，便滯留在家鄉，不願再回公司上班。

就在這家公司危急存亡的關鍵時刻，上級領導機關當機立斷，派了一位新總經理上任，試圖扭轉頹勢。

新總經理臨危受命，面對公司人心惶惶的情景，意識到想要振興這家有過輝煌歷史的著名服裝店，必須先想辦法留下人才，才能穩住人心。

於是，他走馬上任後的第一件要事，就是效法蕭何，演了一齣「月下追韓信」。他風塵僕僕地乘坐火車，直奔那個老師傅的家鄉，下定決心，無論如何都要把老師傅請回來。

然而，此時這位老師傅卻有意「另謀高就」，有家當地的服裝店得知這位老師傅是上海馳名的服裝技師，非常誠懇地邀請他擔任技術指導，並且保證兩三年內讓他成爲「萬元戶」。

在二十世紀八〇年代中期的中國大陸，「萬元戶」是何等誘人的條件！

正在這時，新任總經理趕到了老師傅的家鄉，誠心誠意地請他回去工作。

最後，這位老師傅終於被新任總經理「蕭何月下追韓信」的求才精神感動，寧可放棄高薪工作。他激動地說：「身爲名技師，就應該爲名店效力，人不能只顧著向錢看啊！」

老師傅隨著總經理回到了上海西服店後，這家聞名全中國的西服店猶如枯木逢春，又開始欣欣向榮。

人才是國家之寶，也是企業之寶。

正因爲如此，古代政治觀察家在評斷一個君主時，不觀其氣勢強弱、眼前規模大小，而著重於他所用的人是否賢能。

厚黑智典

辨別員工忠誠度的最佳途徑之一是，用你的眼睛，而不是耳朵，去傾聽他們所說的話。

——英國企業家哈維．瓊斯

多給年輕下屬重要機會

年輕人大都具有初生之犢不怕虎的特點，擁有滿腔的勇氣和熱情，對失敗和困難絲毫不畏懼，敢於迎頭面對困難。

《孫子兵法》上有句話說：「將欲取之，必先予之」，運用在用人方面，可以解釋成只有不斷地給予下屬，尤其是年輕的下屬各種機會進行鍛鍊和學習，才能贏得他們的心。

年輕人大都具有初生之犢不怕虎的特點，擁有滿腔的勇氣和熱情，對失敗和困難絲毫不畏懼，敢於迎頭面對困難。

身爲企業的領導人，一定要充分地瞭解年輕下屬的這種心理上的優勢，多讓他們擔負重要工作的機會，讓他們的熱情在重任中充分發揮，並且從層層考驗和實際工作的磨練中迅速成長，成爲企業的主力軍。

在實際工作中，優秀高明的領導者，往往願意給有能力的年輕下屬鍛鍊和培訓的機會，一方面可以爲企業提供後備人才，同時也可助本身一臂之力，更重要的是，這樣會使更多的員工感覺到，和這樣一個器重人才的領導人共事，前程充滿希望。使他們感覺到，在成長的道路上，領導者對自己的教育和栽培之恩。

試想，員工和下屬們有了這種健全的心態，何愁會留不住人才呢？

松下電器公司是享譽全球的日本公司，在這方面做得相當出色。

譬如，在二次世界大戰以前，松下公司想在外埠開設一個辦事處，選定的主管卻出人意料之外，是一個剛二十出頭、在公司任職不過兩年的年輕職員。這項人事案這使公司某些高層人士頗感擔憂，但是，松下幸之助的決策並沒有因此而改變，反而熱情地鼓勵這位年輕人說：「你一定能辦好，戰國時代的加藤清正、福島正則等武將，當時都才十幾歲，不也起了大作用嗎？就算工作困難，也要勇敢面對，你沒有理由幹不了的，我們完全相信你！」

後來，事實證明，松下幸之助的這個做法是對的，年輕人果然不負衆望，爲松下開拓出大片市場，建立了卓越功勳。

而且，更重要的是，通過這項人事案，不僅爲公司培養和鍛鍊了一個有能力的年輕幹部，也爲松下公司的其他員工豎立了一個榜樣。

反觀國內，不管是民間企業和國營事業，在用人方面卻存有很大的缺陷。很多企業高喊「以人爲本」的口號，但眞正落實的卻很少，大都不願意在人員的選擇和培訓上進行投資，認爲不值得在這方面花費巨大成本。

其實，他們根本沒有注意到，一味任用平庸或素質低劣的人，給公司帶來的損失，不僅僅是付給他們的工資，還有更深層次的東西，比如由於他工作不利或能力不行而導致公司痛失商機，這種損失是無法估量的。

厚黑智典

會議室裡常常上演著滑稽劇，董事長不希望下屬成為自己的威脅，所以提拔那些能力比較差的人。

——華爾街企業家卡爾·埃卡恩

尊重下屬的尊嚴和價值

下屬不是機器上的零件，而是和你一樣，是活生生的人。重視人才，是一種精神、一種觀點，一種建立在尊重個人基礎上的觀點。

有一則報導指出，某位管理專家與惠普公司的二十位高級管理人員進行過對談，其中有十八位都主動提到，他們公司的成功，靠的是重視人才的宗旨。

惠普公司的創始人比爾．休利特說：「關懷、尊重每位員工，和承認他們個人成就的傳統，從表面上聽起來像是老生常談，但我仍真誠地信奉這條宗旨。……多年前，我們就廢除了打卡鐘，而使用彈性工作時間，目的是為了讓下屬們按自己的個人生活來調整工作時間。還有，我們公司內部上下級之間彼此很隨便，可以不拘禮節，不冠頭銜。」

領導者應該牢記，下屬不是機器上的零件，而是和你一樣，是活生生的人。重視人才，是一種精神、一種觀點，一種建立在尊重個人基礎上的觀點。

總之，讓下屬們感到自己是集體中的一部分，公司絕不能變成「要用人時就雇，不用時就辭」的企業。

事實上，在七〇年代的經濟危機中，惠普公司的利潤大幅度衰減，但公司並沒有裁撤任何一個人，而是全體人員，包括總裁休利特本人在內，都一律減薪二〇％，每人的工作時數也減少二〇％。結果，惠普公司不但保持了全員就業，而且順利地渡過了危機。

另外一個例子是華爾．馬特公司。該公司有二六〇〇〇多名職工，是目前美國名列第四位的大零售商，總裁華爾頓是一個非常關心下屬的領導者。在華爾．馬特公司裡，幾乎所有的管理人員，都在胸前別有一個圓形小徽章，上面寫著「我們關心自己的下屬」字樣。而且，他稱下屬不叫下屬，叫夥伴。

那麼，尊重下屬們的尊嚴與價值有什麼作用和效果呢？

我們不妨來看美國波頓公司所做的一篇有關人才與工資待遇的研究報告。

這個調查報告的研究對象是四十名在薪資問題上，與老闆看法不一致的各級部門經理。其中，二十七人接受了老闆的加薪，並繼續留在原來的單位。但是，十八個月過後，這二十七人中的二十五人卻仍然遞出辭呈辭職，原因不是薪資太低，而是認爲在這個公司工作沒有價值。

從這個案例中我們也可以看出，對下屬和員工們的價值尊重，有時勝過金錢所能達到的作用。

厚黑智典

僱用比自己聰明，而且能力超過你預期的人，這才是對自己最有好處的。

——英國鐵路公司總裁彼得・帕克

人才是成敗的關鍵

戰國時代，六國擁有眾多人才卻不加以愛護，反而逼得他們不得不出走，無疑為秦國輸送了大批人才，後來秦國能吞併天下也就在情理之中。

只要眞心愛惜人才，就能做到唯才是用。

三國時代，曹操身邊之所以人才濟濟，與他愛護人才不無關係。他在與群雄逐鹿中，因急需人才，凡是有用之才他都千方百計加以網羅，甚至是敵人也能不計前嫌地任用。

例如，名列「建安七子」的陳琳曾爲袁紹寫了一篇討伐曹操的檄文，辱罵曹操以及其祖宗三代，但後來曹操不僅因爲愛惜他的文才而收降了他，並且委以重任，讓他有發揮才華的空間。

正因爲曹操惜才愛才，因此常常物色人才、提拔人才，身邊的謀臣都是三國時的一流俊彥，奠立了爭霸天下的本錢。

也因爲愛才，他的麾下不少人甘心爲他效死盡忠。

例如，龐德被關羽擒獲後，關羽以他的故主馬超在蜀漢陣營爲由，勸他投降，但龐德拒不屈從，寧願以死報答曹操的知遇之恩；許褚在行軍作戰時常常冒死保衛曹操，使曹操多次轉危爲安。

這些都是對曹操愛才之心的回報。

但是，如果人才就在你身邊，你卻不知善加運用，往往會遭到人才反噬，面臨極爲嚴厲的報復。

戰國時期，位於西陲的秦國廣納天下賢才，最後就靠著這些奇人異士，逐一吞併了其餘六大強國。

與秦國的人才濟濟相比，爲何其餘六國缺乏傑出的人才？

事實上，六國並非沒有人才，而是因傑出的人士往往遭到打擊、壓制甚至驅逐，只好被迫出國謀求出路，最後憤而投奔能用天下人才的秦國。光從魏國投奔到秦國的知名文臣武將，先後就有吳起、商鞅、李斯、張儀……等。

六國境內其實擁有衆多人才，但是卻不加以發掘愛護，反而逼得他們紛紛出走，無疑爲秦國輸送了大批人才，留下的當然是昏庸諂媚之輩了，因此，後來秦國能吞併天下也就在情理之中。

厚黑智典

不要擔心別人會剽竊你的想法，如果你的想法完美無缺，就應該對別人反覆灌輸，直到他們信服為止。

——霍華德·愛特肯

硬漢才能幫你打天下

「硬漢型」的人才個性很強，有自己的獨立見解；他們說話直接了當，有時近乎尖酸刻薄，不過，這類人才頭腦清晰、行動敏捷，可以幫助你開創天下。

與「怪才」相似的是「硬漢型」的人才。「硬漢型」的人，顧名思義就是那些非常堅持自己的原則，不輕易向現實環境低頭的人。

美國最大的輪胎公司——燧石輪胎橡膠公司，創始之初僅有幾個工人和一間老舊廠房。它之所以能迅速發跡，靠的是該公司創始人菲利斯頓大膽任用酗酒成性的發明家洛特納。

菲利斯頓第一次看到洛特納時，是在一間酒吧，當時，洛特納滿臉污垢，而且把褲子當作圍巾披在肩上，走路東倒西歪，狼狽至極，酒吧裡頭的人見狀便取笑他，戲謔稱他爲「醉鬼」。

當菲利斯頓得知洛特納是一個發明家時，並沒有因爲他有酗酒的惡習而鄙視他，反而三番兩次前去拜訪他，碰了幾次釘子也不灰心。

這種求才若渴的態度，使洛特納非常感動，於是他終於決心幫助菲利斯頓開創天下，經過不斷研發後，終於製成了一種不易脫落而且儲氣量大的輪胎。這種輪胎後來被著名的福特汽車公司採用，從此，菲利斯頓的事業有了重大轉機。

「硬漢型」的人才個性很強，有自己的獨立見解；他們說話直接了當，有時近乎尖酸刻薄，因此經常引起上司和同事的不滿和厭惡，公司高層人士也常常因爲這類下屬毫無避諱的批評，而深感頭痛和尷尬。

在一些主管眼中，「硬漢型」的人才，是最難對付、最難管理的人。

不過，這類人才的優點比缺點多，譬如說，他們頭腦清晰、行動敏捷、迭有創意。他們可以全心全意地投入工作，而且執著的性格也能幫助他們把事情徹底做好。

「硬漢型」人才從不把障礙放在眼裡，對他們而言，今天不可能的事就是明天的常規。

他們充滿冒險精神，但是又相當腳踏實地，不會因暫時的挫折而令自己的情緒不好，或一蹶不振，失敗挫折反而會使他們咬緊牙關苦撐下去。

「硬漢型」人才的這種態度，肯定會引起公司內部不少工作責任心不強的職員厭惡。因爲這樣無疑形成了強烈的對比，令他們很不好過、面目無光。作爲上司，倘若知道他們是有用之才，不妨給他們創造一個施展才能的良好環境。

厚黑智典

適應環境非常困難，相對的，創造環境讓員工們自我訓練反而要容易一些。

——英國企業家哈維·瓊斯

不要緊抓著部屬的錯誤不放

倘使部屬犯了錯誤，領導者不加以耐心教導，反而動輒扣帽子、落井下石，這種不當的做法勢必導致自己和部屬尖銳對立。

要做到惜才愛才，除了關心他們的未來，照顧他們的生活外，更要在工作上要給予支援，讓他們對自己充滿信心。

首先，要有鼓勵部屬超越自己的氣度。

今天的老年是昨天的青年，今天的青年將成爲明天的老年，這是人的意志無法扭轉的生命流程。況且，每個人都有各自不同的的才能，爲了共同事業的發展，上司不應該嫉妒賢能、壓制人才，應當經常鼓勵部屬超越自己。如此一來，部屬才會以加倍的努力和熱情投身自己所從事的工作中，各方面的人才也才會匯聚過來。

其次，要正確對待部屬的缺點或過錯。

部屬犯了錯誤，當然要讓他們記取失敗的教訓，但也要給他們戴罪立功的機會。如此，他們才能從錯誤中成長，不斷使自己趨於完善。

有位哲人說：「世界上最聰明的人，不是沒有犯過錯誤的人，而是知錯能改的人。」這句話說得很有道理。給部屬改過革新的機會，引導他們在省思錯誤的過程中使自己更成熟，既是上司的責任，也是眞正愛護賢才的表現。

倘使部屬犯了錯誤，領導者不加以耐心教導，反而緊緊抓住錯誤不放，動輒扣帽子、落井下石，這種不當的做法勢必導致自己和部屬尖銳對立，不僅會使當事者感到無路可走而自暴自棄，也會使其他部屬心寒而不願爲你效命。

厚黑智典

最優秀的管理者是提出希望的人，而不是命令者，是給予幫助的人，而不是統治者，是具有同情心的人，而不是批評者。

——日本企業家士光敏夫

比擁有人才更重要的事

對待下屬和下級的功績，千萬不要視而不見，或是輕蔑地加以抹殺；因為，哪怕即使是一次、兩次的忽略，都有可能對整個團隊帶來難以彌補的損失。

擁有人才並不等於擁有效率和前途，比擁有人才更重要的是如何恰當地使用人才，如何發揮人才的最高作用。

人盡其才，不僅是留才、招才的先決條件，更是人才進一步成長的重要途徑。如果一個領導者不能以才用人、以德待人、以心服人，就會出現浪費人才、挫傷人才積極性的現象，造成人才大量流失。

不管古今中外，在用人哲學方面，都強調論功行賞的重要性。如果部屬在業務與工作上創造非凡的佳績，而領導者卻視若無睹，有功不賞或吝於獎賞，抑或獎賞不當，勢必會使真正有功的下屬大失所望，於是便不再奮發努力，進而影響到整體的工作士氣和效率。

因此，對下屬或下級的表現和功勞，一定要適時而明確地予以獎勵。

春秋戰國時期，魏國的大將吳起曾向魏武侯建議說，當魏武侯於祖廟設宴款待對國家有功的文臣武將時，席位應該按功績大小，分列成前、中、後三排。建立了上等功績的功臣，理當坐在前排，享受最上等的菜餚和最好的食具；功績稍次的臣子坐在中排，食具和菜餚相對也差些；而沒有功勞的人就坐在最後面，菜餚和食具當然也是最差的了。

吳起又說，宴席之後，於廟門之外還要按照功績大小，對有功人士的家屬，如父母、妻兒子女、兄弟等，進行賞賜與獎勵。這樣一來，不僅有功勞的人都受到了應有的恩寵獎賞，沒有功勞的人，無形中也會受到鞭策激勵，以此自我勉勵，以圖日後立功。

當然，這個歷史事例在現代社會並不完全適用，但是它的精神，無論在行政管理、還是商業戰場上，仍然值得我們借鑑和思考。

那就是，對待下屬和下級所表現的功績，千萬不要視而不見，或是輕蔑地加以抹殺；因爲，哪怕即使是一次、兩次的忽略，日後都有可能對整個經營團隊帶來難以彌補的損失。

春秋時代，宋國君王帶兵外出作戰，在與敵人決勝負的前夜，這個君王爲了激勵士氣，大舉犒勞將士，但偏偏不小心把爲他駕馬車的馬伕給漏掉了。

這件小事看來似乎沒什麼多大關係，但這個馬伕心裡卻不這麼想，他即不平衡地以爲是國王嫌他功勞小，不值得賞賜，於是，第二天在戰場上廝殺時，馬伕竟然把馬車連同君王趕進了敵人的陣營裡。

不用說，宋國吃了敗仗，宋國國君更一命嗚呼。

這個活生生的故事說明了領導者對下屬的功績，一定不可以忽視。

下屬的功勞大，有盛大的獎勵方法，功勞小有較小的鼓勵方式，要因人而異，因功績而異。

此外，論功行賞的時候，一定要遵循一個前提，就是獎罰分明。

因爲，如果不分功績大小、不分有功無功，一個人有了成績就整個集體來共同分享，不管有無貢獻，人人有份，那麼久而久之，有能力的人就會感到獎賞不公平，做事變得消極，沒能力的人則會覺得反正有自己一份，便開始混水摸魚。

因此，對於有功的人一定要獎勵，對於濫竽充數的人一定要處罰。如此才能鼓勵有功，鞭策無功，對個人和團體都大有好處。

厚黑智典

領導者不可拘泥於眼前的枝節小事，要放棄個人的成見，以大局作為判斷的標準。

——松下幸之助

不要亂戴部屬抛來的高帽子

接受諂媚、滿足虛榮之後，你往往得犧牲某方面的利益作為代價。諂媚的人之所以說出違心的話，是因為心中有所企求，這個要求又無法經由正常的管道獲得滿足的。

有一則笑話說，有個人對某位官員面說，大部分的人都喜歡被諂媚，自從他出道之後，就靠著給人戴「高帽子」而無往不利。

這位官員聽了，大不以爲然地說：「我就不喜歡諂媚拍馬之徒。」

這個人見狀，連忙見風轉舵，附和說：「對，對，您當然與衆不同，您堪稱是濁世裡的清流，可惜的是，像你這樣剛正不阿、厭惡拍馬屁逢迎的人，普天之下能有幾個呢？」

這個官員一聽，臉上不禁露出欣然喜色，那人走出官邸時說：「我的高帽子，又送走一頂了。」

這個故事說明了，人人都知道諂媚不好，但當別人諂媚到自己頭上來時，你未必抗拒得了。

為什麼不能接受諂媚呢？

因為，諂媚只能讓你獲得一時的快樂。諂媚者說的都是違心的話，這正是諂媚與由衷讚美的根本區別。

諂媚的人之所以說出違心的話，是因為心中有所企求，這個要求又無法經由正常的管道獲得滿足的。

如果他有真本事通過努力獲得滿足，他就用不著對你諂媚了。

所以，接受諂媚、滿足虛榮之後，你往往得犧牲某方面的利益作為代價，這顯然不合算。

要拒絕諂媚，首先要分辨出什麼是諂媚。

很多人都像前面故事中的那位官員，自以為本身抗拒得了諂媚，結果是受了諂媚而不自知，問題就在於他們無法分辨出什麼是諂媚。

那個專門送高帽子的人，用的是「附和型」的諂媚方法，就是順著別人的想法拍馬屁，不太過肉麻，也不太露骨，因此最容易被人接受。

有一種「阿諛型」的諂媚方法，屬於比較低級的諂媚，就是人們平時所謂的「灌迷魂湯」，一般人最容易上當。

還有一種就是「反襯型」的諂媚方法，即以指責你周圍的人，間接地抬高你，拍你馬屁。

他們能夠察言觀色，所貶低的人正是你不喜歡的人，你不好意思說的壞話，他們會代你一吐為快。

這一招也十分靈驗。

不受諂媚就要多聽反面意見，不要給專說好話的人任何好處。

不受諂媚，還要去除喜歡聽好話的習慣。聽到讚揚的話就要提高警覺，以防對方藉以換取什麼東西。對好話可以採取置若罔聞的辦法，心中設想別人是在說一個毫不相干的人。

不受諂媚，要特別警惕在你面前說別人壞話的人。

今天在你面前說別人壞話的人，明天也可能在別人面前說你壞話。尤其是表面和人交好，背後又四處說人壞話的人，或者背後說人壞話當面卻大加吹捧的人，更屬於典型的諂媚者，有時還可能是挑撥離間的人。

這種人成事不足，敗事有餘，對於他們所說的話萬萬不可相信，最好連說人壞話的機會也不要給他。

厚黑智典

為了在這個動盪不定的時代生存下去，身為一個領導者，你必須做出最精明的決策。

——基恩·弗萊契

6

PART

別讓下屬成為自己的「絆腳石」

身為上司，在利益、思想、方法等方面，難免與下屬發生矛盾或衝突，怎樣才能避免部屬成為你向上升遷的「絆腳石」呢？

人才用人才，庸才用庸才

我們所面對的是一個全新的制度和社會，因此更必須避免以出身取人的作法，不拘一格選出真正的人才。

儘管在歷史上，一些有頭腦、有抱負的英明政治家有過「不以出身選人才」的成功範例，但畢竟是鳳毛麟角。最多的例子是物以類聚，庸人選用庸人。

五代時期，後唐的創建者李存勖統一北方後，頗思招攬人才輔佐自己，但是，他相當重視出身門第，結果錯用了豆聲革、盧程等一班庸才爲相。

豆聲革只會寫一些歪詩，並無其他才能。李存勖稱帝之後，有人因爲豆聲革是名門子弟，便向李存勖大力推薦，李存勖不察，竟任命他爲行台右相。豆聲革做事多錯多亂，後來乾脆不理朝政，耽溺於修煉丹術求長生不老。

盧程雖然是名列進士，卻無實際才幹，甚至連基本的文書都不會起草，李存勖即位後，想要找士族來充門面，結果盧程被任為宰相。盧程雖然治國無能，卻很會作威作福，他出巡時，高坐轎上，「所到州縣，驅率丁夫，長吏相迎」。

李存勖政權不固，後來兵敗致死，是由於他本身昏庸荒淫，但用人不當也是致命的原因之一。

歷史上也有相反的例子。漢高祖劉邦出身貧窮農家，起兵之後被人看不起，他在與項羽爭奪天下的戰爭中，最後之所以打敗了項羽，建立了自己的大漢江山，關鍵在於他身邊一大群優秀的人才。

劉邦常以自己擁有諸多謀臣猛將自豪。事實確實如此，劉邦身邊的謀臣猛將，大多來自於社會的底層，而且其中不少是出身低微的人。

例如，張良是破落貴族之後，蕭何與曹參是低級文吏，周勃是吹鼓手，婁敬是車夫，樊噲是屠夫，陳平被譏為無行文人，韓信是流浪兒，「高陽酒徒」酈食其是窮書生……等等，而且這些人當中還有許多是從敵人陣營投奔過來的。

劉邦對這些三教九流的人物，不僅沒有拒之門外，還公開宣稱自己不如他們。

他這種選才的策略和用人的原則，使他擁有了戰勝項羽的人才優勢，最後終於一舉奪得天下。

相對的，在封建社會裡，大地主、貴族豪門控制了國家政權，爲了鞏固他們的既得利益，在世襲制度保護下，在選人的問題上不可避免地採用了出身門第、任人唯親的人事壟斷政策。

今天，我們所面對的是一個全新的制度和社會，因此更必須避免以出身取人的作法，不拘一格選出眞正的人才。

厚黑智典

一群人聚在一起，形成一個機構，這就是我們所謂的公司，他們能完成個人所無法完成的事情。——惠普公司創辦人戴維．帕卡德

不要跌入慾望的漩渦

「吃人嘴軟，拿人手軟」，一旦接受了別人的招待，就必須儘量滿足別人提出的要求，否則難以交代過去。

一個領導者想要拒絕諂媚，首先必須正確對待下屬的請客、送禮等問題。

現今社會盛行吃喝送禮之風，心中別有所圖的下屬，可能利用這種手段來逢迎、巴結你。譬如，某些人爲了得到升職的機會，就會想盡辦法給上司好處。

俗話說：「吃人嘴軟，拿人手軟」，一旦接受了別人的招待，就必須儘量滿足別人提出的要求，否則難以交代過去。

有些人本身並不想接受別人的好處或招待，只是覺得別人三番兩次殷勤送禮、邀約，在盛情難卻的情況，不好意思加以拒絕。

但是，勉為其難的結果，會讓你陷入人情的漩渦之中，漸漸地把私人感情牽扯進公事中，無法再像過去一樣依照自己的評斷看待下屬，行事自然無法公平公正。

因此，遇到下屬三番兩次殷勤送禮、設宴邀約的情形，應該堅守立場委婉地加以拒絕，如果對方純粹只是出於一片好意，你把這層利害關係說清楚了，拒絕他並不會傷到彼此的感情。

不這樣做的話，不僅你的貪慾會變本加厲，步入慾望的深淵無法自拔，而且，你的所作所為也會被別有用心的人利用，甚至還會成了某些有心人士中傷你的「鐵證」。中傷的話往往是事實的數十倍或千百倍，明明你只吃了對方一餐，傳到最後，說不定變成你常常接受對方「性招待」。

古人云：「聲色犬馬，皆人之欲」，強調人絕對不能跌入慾望的漩渦中，尤其是一旦貪圖美色，便會陷入萬劫不復的深淵，無法超脫。

殊不見唐朝的一代明君唐玄宗，就是因為寵幸楊貴妃，沈溺於聲色犬馬之中，導致爆發安史之亂，險些斷送大唐江山。

常言道：「英雄難過美人關」，人的一生中往往要經過幾道關口的考驗，才能向上飛躍，其中美人關是最難過的一道關口。

自制力強的人，一般都能夠從容跨過美人關，然而意志薄弱的人，就往往會在美人關前摔得鼻青臉腫，甚至身敗名裂。

古今中外的許多例子都告誡我們，「美人計」往往是摧毀一個人的利器。美色當前，自制力不強或防範意識不高的人，往往成了被別人牽著鼻子走的驢子。

不要認爲偶爾逢場做戲沒關係，一旦落入別人精心設計的美色圈套當中，不僅會把自己弄得身敗名裂，事業受到牽累、衝擊，原本幸福美滿的家庭也會瞬間支離破碎。因此，在美色這片雷區面前，可千萬要小心，否則，一旦不小心觸及，肯定會將你炸得粉身碎骨。

厚黑智典

一個最佳的領導者是一位知人善用，有自我約束力量，不插手干預屬下的人。

——美國總統羅斯福

怎樣為公司留住人才

公司辛苦栽培的新動力，一旦讓他們熟悉了公司的業務後流失，公司就會產生一群新的競爭對手。

人才是企業的重要資源，絕不可以讓他輕易「跳槽」。挽留人才的辦法很多，但最重要的是要提早作防範。

人才「跳槽」有好幾種情況，如果你是一個英明的領導者，就應該做到心中有數，及早採取防範措施，別等到事情無法轉圜的那一天。

如果優秀人才不辭而別，另擇高就，事先公司上下卻無人覺察，甚至有人知道也不報告，這無疑是公司經營管理不善的一大警訊。

對此應及早發現，並儘量使其回心轉意，同時，公司更要檢討自己的用人機制是否存在問題。

一個員工工作量多寡，並不能代表他對公司的滿意程度如何。經常有人僅靠自己的能力和遵守公司的管理制度，就能圓滿完成自己的任務，但內心裡並不眞正喜歡這些工作。挽留他的最好辦法是：讓他同時兼做兩項工作——其中一項工作盡可能滿足他的興趣。如果他確實才華橫溢，兼做兩項工作都很出色，不僅可以滿足他對興趣的追求，又能爲公司留住人才。

有的人是因爲與上司不合憤而辭職。與上司不合的原因有很多，但大部分的責任在上司，如果他能在發生衝突時，顯示出自己的雅量，不與部屬斤斤計較，那麼許多問題都可以解決。

身爲上司對下屬應該關心體諒，員工應該隨時把情緒上的波動、工作中的合理要求及時告訴上司，這才是雙方的良性互動。

當上司的人不可能完全瞭解員工的內心世界，經常進行思想交流是互相理解、減少隔閡的有效辦法。

大公司的老闆不可能認識每一個員工，但精明的老闆每當下屬要求接見時，總會安排時間，去傾聽他們的建議或意見。

當公司招聘到一位能力強、有開拓精神的年輕人，並且有可能成爲新生代接班人時，你必須認眞思考應該給他什麼樣的職位，如何提拔他？如果在任用問題上稍有疏忽，處理不當，將會給公司帶來不必要的麻煩。

他可能會因位置不好而另尋高就；或者會使那些資歷比他高、工作時間比他長、職位比他高的人抱怨公司厚此薄彼。他們往往會把怨氣發洩到這個年輕人身上，想盡辦法把他逼走。

對於剛剛離開學校到公司工作的大學生、研究生，若不及早發現他們的才能，給他們適當的位置的話，在兩三年內他們最容易「跳槽」。他們會把第一家任職的公司當成培訓基地，熟悉了業務後另謀高就。

必須正視這批年輕有爲新職員，他們是公司辛苦栽培的新動力，一旦讓他們熟悉了公司的業務後流失，公司就會產生一群新的競爭對手，業務將會受很大影響。因此，在新職員熟悉業務後，應該儘快給他們安排合適的位置，待遇也應該適度提高一些，更重要的是，要讓他們知道留在公司會有發展遠景。這樣，才能使一些抱著「實習」態度的新職員，拋棄跳槽的想法。

更高的薪水誘惑當然是跳槽的最大原因。對此沒有很好的解決辦法，即使你答應給他加工資，也不能保證他不跳槽。

例如，著名的波音公司曾對四五〇名打算跳槽的員工進行調查，發現其中有四十名爲增加工資而與老闆進行了談判，二十七名因被加薪而留下來繼續爲公司效力，但是不到一年時間內，其中二十五名因各種原因又離開了公司。

這個例子說明，增加薪資並不是讓員工留下來的最重要關鍵。因此，公司應該採取多種途徑來防止跳槽。

厚黑智典

最有效的管理，通常是隨機制宜的，隨時因應外在環境變化的管理方式。

——管理學家哈羅德·孔茨

用競爭瓦解下屬的「小圈圈」

瓦解除下屬形成的「小圈圈」。最有效的方法，莫過於將他們彼此依賴的心理轉為相互競爭。

許多人進入社會後，還是習慣像學生時代一樣搞小圈圈，這對個人或者公司的成長毫無幫助，甚至是一種阻力。

從辦公室互動不難發現，許多來自同一地區、同一所學校、同一時期進入公司，或具有其他共同點的下屬，都會在公司內形成「小圈圈」；他們中午共進午餐，假日共遊，平時更是有事沒事聚在一起。

事實上，這種伙伴意識會加深彼此的依賴心理，無法在工作上產生緊迫感，對於公司企業而言，也只會產生負面影響。

所以，身為公司的領導者，應該及早設法瓦解除下屬形成的「小圈圈」。

瓦解這類現象最有效的方法，莫過於將他們彼此依賴的心理轉為相互競爭。

例如，指導工作時可採取個別教導的方法，讓其他的人擔心：「他究竟在學些什麼？」

或是在分配工作時，刻意對小圈圈內的人員分派不同的工作；有時不妨用強迫的手段，或拿能力相當的人員相互比較。

如此一來，可以激發他們的競爭心。人一旦開始競爭，必然會產生強烈的上進心，出現了你追我趕的局面時，「小圈圈」便自然瓦解了。

厚黑智典

如果沒有勤奮，沒有機遇，沒有熱情的人加以提攜，所謂的人才也只能沒沒無聞。

——小普林尼

如何面對下屬的「吐槽」

這樣不慍不火的談話與態度，既可以掩飾自己的欠缺，更是對「吐槽」的下屬的反擊。

當一個新的領導者就任時，下屬免不了會想要想摸清他是一個什麼樣的人物。他們往往會在暗中揣摩：這個上司做人究竟好不好，是否值得尊敬？這個上司的能力如何，是否能夠勝任這項工作？以後又會怎樣對我們？

爲了徹底地弄清上司的眞面目，下屬有時會以旁敲側擊或正面接觸的方法來打探你的底細，最普遍的做法就是找機會「吐槽」。

例如，有人會用自己最精通的事故意發問，想要一探虛實，如果上司被問得不知所措或無言以對，他就會洋洋得意，甚至毫不客氣地說：「這麼簡單的事，你都不知道嗎？」

遇到這種場合，如果你只會漲紅了臉，啞口無言，就可能喪失威信，無法順利地做好今後的管理工作。因此，必須防止和學會面對下屬的「吐槽」。

遇到上述的場合，哪怕你確實無法回答下屬的提問，也可以從容不迫地回答一句：「你這樣明知故問，會給大家留下什麼印象呢？」

這樣不慍不火的談話與態度，既可以掩飾自己的欠缺，更是對「吐槽」的下屬的反擊。這樣做，既不讓事情進一步惡化，又可以顯示自己的風度與氣量。

身為領導者固然應該是一位比別人略高一籌的「通才」，但是，人不可能對什麼事都精通。因此，對於能力強過自己的員工，不必和他們較量，應該暫時避開，然後在自己強過對方的問題上，引導和啓發他們。

與下屬發生爭論，也是領導者在實際工作中經常遇到的場面。能否妥善處理這種尷尬的事情，是領導者獲得下屬敬重的重要條件。

通常，下屬占上風時，領導者便會感到臉上無光，因而急於駁倒對方。然而，有些性格倔強、脾氣古怪的下屬，可能不服輸地堅持自己的道理，與領導者開展激烈的爭論。爭論越激烈，雙方的情緒就會變得越高昂，結果就難以收拾。

中國古代軍事理論家孫子曾經就說過：「沒勝算的戰爭，及早抽身爲宜。」這是因爲，沒有成功把握的戰爭，如果一味蠻幹下去的話，必將百害而無一利。

這個軍事上的策略，同樣也可以運用在人際關係上。跟員工相持不下時，應該明智地尋求退身之策，不妨適當地說一句：「看來，你對這個問題頗有一番研究！」

這樣一來的話，不僅讓下屬感到臉上有光，或是受寵若驚，而且自己也有了台階可下，兩全其美，何樂而不爲呢？

厚黑智典

最愛發牢騷的人，往往就是既沒有能力反抗，又不會或是不願認真工作的人。

——威爾斯

用「刺蝟原理」來處理摩擦問題

人們彼此之間的距離和刺蝟之間的距離有些相似，特別是上司和難以對付的下屬之間的距離。

喜歡「吐槽」的下屬，往往最難對付。

這樣的下屬在每一個公司都有，不管走到哪裡都會遇到他們。

這種人專門和上司作對，但是對跟和他們沒有利益衝突的人則表現得十分友好。再加上這種人通常具有一定的專長，因此，他們有自己的勢力範圍和人際圈子，足以在一些問題上與領導者分庭抗禮。

歸納起來，對付和防範這種人，應該注意以下兩點：

一要克服與他們對立的情緒。

在一個公司裡，經常會出現這樣的情況，有些下屬總是喜歡「冒刺」，甚至不執行上司的指示和命令，因此上司平時很少把重要的工作委派給他們，長此以往，便會在彼此之間產生對立情緒，這種人也就成了集體的包袱。

二是應當考慮如何使用他們，發揮他們的積極性，將他們向上司「吐槽」的心計與熱情轉移到工作上。

如果老闆因為他們的「刺」而採取不予理睬，或採取壓制、打擊、報復的方法，必會給自己帶來無窮的後患。你越不理這種下屬，他越會事事和你作對，拆你的台。你若想打擊壓制他們，他們有如渾身是刺的刺蝟，恐怕讓你叫苦連天。

既然他們是「刺蝟」，你不妨用「刺蝟原理」來處理問題。

刺蝟是渾身長滿針一樣的小動物。冬天來臨時，若把幾隻刺蝟放在一塊，我們就會發現，牠們彼此會把身體擠在一起，但是，如果牠們靠得太緊的話，就會彼此傷害對方，如果離得太遠，就無法取暖。所以，刺蝟與刺蝟相處有一定的距離。

人們彼此之間的距離和刺蝟之間的距離有些相似，特別是上司和難以對付的下屬之間的距離。離得太遠，不利於領導；靠得過近，又擔心被他傷害。只有保持適當的距離，才能管好這類下屬。

當下屬當面頂撞了你，或故意侮辱了你，你又該如何呢？你會利用自己的職權藉機懲罰他嗎？

正確的作法是：讓他三分。如果下屬的一句話使你臉面無光，自尊心受損，你就怒氣沖天，那樣最終會更丟自己的面子。

過激的宣洩方法只能使你得到一時快意，但後果卻不甚樂觀。如果你認爲自己是上級，沒有必要彎下腰來，或根本就看不起對方，那麼，你就是一個不稱職的領導者，或者說是一個失敗的領導者。你怎樣對待別人，反過來，別人同樣會怎樣對你，這是修養的問題，也是解決難纏下屬的問題。

厚黑智典

把一件事情搞砸了之後還笑得出來的人，一定是已經找到了很好的藉口或是替罪羔羊。

——經濟學家約翰·凱

別讓下屬成為自己的「絆腳石」

身為上司，在利益、思想、方法等方面，難免與下屬發生矛盾或衝突，怎樣才能避免部屬成為你向上升遷的「絆腳石」呢？

身爲一名領導者，想要處理好公司內部的人際關係，讓部屬成爲自己事業、工作上的好幫手，而不是「絆腳石」，必須掌握一定的方法和原則。

公司裡人一多，問題也多起來了，往往是這個問題連著那個問題，問題層出不窮，互相交錯。

身爲上司，在利益、思想、方法等方面，難免與下屬發生矛盾或衝突，怎樣才能避免部屬成爲你向上升遷的「絆腳石」呢？

如果你忽略了與部屬相處的重要性，不去努力建立好人際關係，你很可能會因此吃足苦頭，還要提防你的下屬把你炒魷魚。

下屬對你的各種批評和議論，會通過各種途徑傳到你的耳朵裡，你當然不喜歡這些議論是負面的，甚至是詆毀的。然而，要讓下屬少說一些自己的壞話，就必須從自身做起。

有些下屬的心胸比較狹窄，遇事總喜歡斤斤計較，你只要一不小心冒犯他，他立刻會對你心生不滿。

對這種人要學會忍讓，儘量不去觸犯他們。

因此，當你在分配工作或任務時，不要直接分配給他，最好分配給某個集體，讓他明白任務的分配是公平、合理的，使他的心理得到平衡，不會因爲任務的輕重不一而產生意見。

但是，一旦下屬的行爲違犯了部門的利益，你就要按照公司的規章公事公辦了，誠懇地和他講道理，並且仔細說明緣由，該怎麼處理就怎麼處理，千萬不能一味姑息或遷就。

當然，下屬可能對你的處置相當不滿，並且心存怨恨，這時候，你就得耐心地加以說服和安慰。

如果他還不識趣，一味地不講道理，不給你面子，你就可以毫不客氣地炒他魷魚，千萬不可讓這種「絆腳石」把你絆倒。

厚黑智典

在資訊社會，知識已經成為決定生產力、競爭力、經濟成就的最關鍵因素。

——《大趨勢》作者奈斯比特

縱容下屬會讓你失去價值

絕不能淪落到討好下屬的地步，否則你在公司無法生存下去。如果你是木頭型的領導者，太過於縱容下屬，那麼，你的存在價值就會越來越低。

「公司要求我加班，但是我不願意，所以我拒絕了，拒絕不想做的事情，難道有什麼不對嗎？」

「既然別人可以拒絕加班，爲什麼我就不可以呢？」

有些下屬常常拒絕加班，而且他們的任性不僅僅表現在「加班」上，在請假時也會如此。不管上司同意不同意，他仍會說：「我下個星期請三天假。」

他們的另一項特色是——對於艱難的工作敬而遠之，只一味挑輕鬆的工作做；當工作進行得不順利，又會把責任推給別人。

對於這種下屬，你該如何防範和應付呢？

首先，你不必急著對下屬的這種行爲萌生任何不滿或對立的情緒。想想年輕時候的自己，你或許也跟他們同樣，因此，應該想出一個可行的解決辦法。

其實，在現代社會裡，上班族已不再是以前百依百順的「上班奴」了。過去的上班族往往爲公司的發展而犧牲奉獻個人利益，將畢生精力完全投入工作之中，但是近年來，隨著社會的急劇變化，上班族有了「自己和公司是平等的」想法。

他們警覺到「人生不是只有工作而已，並非只是忠實地服從上級的命令才是工作」，他們對自己的工作有熱情，但是還是以家庭至上，而且非常重視自己的休閒與享樂。因此即使薪水沒有增加，只要是輕鬆的工作，也樂於接受。加班就是他們最討厭的事情。

如果你斥責拒絕加班的下屬：「你不可如此任性自私！」他極可能會回答：「我維護自己的權益，又有什麼不對？」

假如你繼續問他拒絕加班的理由，他說不定會聳聳肩，然後不屑地對你說：「請不要干涉我的個人隱私。」

面對拒絕加班的下屬，上司是否該縱容或是迎合他們？

當然不是。

對上司拍馬屁是諂媚的行爲，同樣的，上司迎合屬下也不成體統。雖然上司應該儘量聽取下屬的意見，但是也絕不能淪落到討好下屬的地步，否則你在公司無法生存下去。

還有一點必須防範，就是「拒絕加班症候群」是很容易蔓延開來的。你一定要避免部屬有「既然別人可以拒絕，那麼我也可以」的想法，也不要忘了擺出強硬的態度，明確地告知屬下拒絕加班的後果。

《伊索寓言》裡有一則故事說，有一天，水池裡的青蛙聚集在一起推選領導人，但是到最後仍然無法討論出結果，因此青蛙們就向天神宙斯告禱，祈求宙斯賜給牠們一位領導人！

宙斯聽到之後，便丟下了一塊粗大的木頭。

青蛙們見到這塊木頭，嚇了一大跳，但是，不久牠們就發現那根粗木頭不會說話，於是衆青蛙就爬到上頭亂蹦亂跳。木頭對牠們的行爲毫無反應，因此青蛙們生氣地說：「我們不需要這樣的領導人。」

後來，牠們又向宙斯祈求：「請賜給我們更有實力的領導者吧！」

青蛙們的爲所欲爲激怒了宙斯，於是，宙斯在水池中放入了一條水蛇。不久，水蛇就將青蛙全部吃掉了。

這則故事頗能發人深省。你到底是屬於木頭型的領導者呢？還是屬於水蛇型的領導者？或是其他類型呢？

如果你是木頭型的領導者，太過於縱容或迎合下屬，那麼，你在公司的存在價值就會越來越低。

厚黑智典

培養人才就是將他們的生命移植到你的事業，讓他們做出令你欣慰的績效。

——富山芳雄

別掉入挑撥離間的圈套

我們的生活週遭不乏一些虛偽和奸詐刁悍的小人，他們為了個人的私利，專門在人與人之間挑撥離間。

一個優秀的領導者，應警惕週遭小人的挑撥離間。

離間術是小人撥弄是非、製造矛盾，破壞他人團結，試圖從中獲利的一種圈套。

離間術在公司中有多種表現，如散佈謠言，製造員工之間、上下級之間的矛盾對立；或是將誤會加以渲染、擴大別人之間的分歧；或製造矛盾……等等。

挑撥離間的方式雖然很多，但是目的通常只有一個，那就是：損人利己。

離間術往往是自我的、本位的，把離間的目的建立在自己實際利益之上。有時是爲了滿足個人的私利，有時則爲了滿足某種不正常的心理，有時也可能是爲了某個「小圈圈」的利益，但是無論怎樣，它都建立在損人利己的原則之上。

離間的目的和破壞性，其實並不在於離間的過程，而是在離間後所出現的不良「禍果」上。

挑撥離間不是一種光明正大的行爲，因此充滿隱匿性，試圖利用雙方的矛盾製造混亂，來達到自己渾水摸魚的目的。離間者本身是在矛盾之外的，換句話說，它是一種「暗中」進行的行爲，因而難以被雙方覺察；一旦被人識破，離間行爲就宣告結束。

離間既然是一種隱匿性很強的行爲，通常也充滿了欺騙性。離間是在採取正當、公開的手段難以達到目的，而選擇的一種不爲人覺察的行爲，離間者本人必須在被離間者之間遊刃有餘，獲得被離間者的信任，使離間行爲「天衣無縫」。

因此，離間者往往會製造假象，欺騙被離間者，使其產生錯覺，做錯誤的判斷，形成錯誤的認知，在不知不覺中落入圈套。

儘管挑撥離間是很隱匿的欺騙行爲，但也有一些方法可以識破的。防止和識破離間術，可以從以下幾個方面進行分析。

小人要想達到離間別人的目的，必須與被離間者發生互動關係。因為沒有聯繫就無法擴大被離間者之間的誤會、矛盾，再高明的離間術也難以實施。所以，對於原本與你沒有交情卻突然表現得很熱絡的人，必須格外嚴加提防，因為他很有可能正在進行挑撥離間的勾當。

一般說來，擅長挑撥離間的小人只會為自己的利益設想，往往是被離間者發生衝突後的最大受益者。

俗話說，「隔山觀虎鬥」，在一旁冷眼「觀鬥」的人，很有可能就是離間者，也是一場「爭鬥」的最後的勝利者，因為當「爭鬥」的雙方筋疲力盡或兩敗俱傷的時候，「鬥」觀的人只要輕輕一擊，就可以成為雙方生命的主宰。

這樣的人是最為陰險的人，所以，針對人際衝突的利弊得失進行分析，就有可以識破離間者的眞面目。

再怎麼高明絕倫的離間計，都會留下一些反常的痕跡。因此，對反常的行為認眞分析，進而逆向推演，弄清人際衝突的來龍去脈，對於防止和識破離間術會很有幫助。總之，想要識破小人的離間術，必須對整個事件進行綜合分析，既不能盲目猜忌，又不可掉以輕心。

當你與下屬發生衝突與矛盾時，一定要冷靜分析矛盾產生的原由，提防小人趁機進行分化，要以公司的整體利益爲重，採取息事寧人的態度，儘快消除彼此的矛盾和隔閡，達到新的團結。

應該說，絕大多數人是眞誠和善良的，但我們的生活週遭也不乏一些虛僞和奸詐刁悍的小人，他們爲了個人的私利，專門在人與人之間挑撥離間。這樣的小人一經發現，應該給予重罰，最好革職。

厚黑智典

人生不時有些難得的時刻，凡事一經決定就能影響深遠，在這種關鍵時刻，應該有勇氣表示贊成或者反對。

——法國作家莫洛亞

遠離是非才能永保安康

千萬不能憑一時之氣去捅別人家庭的「是非窩」，也不要無聊到去當別人傾吐苦水的「垃圾桶」。

有的人每天除了要處理一些棘手的公事問題，還要面對許多下屬雜七雜八的私事，最常見的就是部屬夫妻之間的吵架。

你很可能是一個頗有正義感的人，忍不住挺身而出「主持正義」；也許你是一個外向型的人，眼裡看不慣的事嘴上就要說出來……

但不管你是一個什麼樣的人，是非不要輕易招惹，因爲是非背後麻煩特別多。

千萬要記住，身爲上司當然應該關心員工的生活，但是必須小心地置身事外，千萬不能憑一時之氣去捅別人家庭的「是非窩」，也不要無聊到去當別人傾吐苦水的「垃圾桶」。

奉勸你對別人的家庭糾紛要裝聾作啞，切莫追問事情的來龍去脈，因爲一旦你成了事件的知情者，你就被他們認定爲了當然的「判官」，這就大爲不妙。你只需平心靜氣地開導他們：「夫妻之間還是相互體諒一點好，凡事多加商量……」

在工作之外，每個人都有自己心煩的事，家庭朋友之間都會發生一些令人煩惱的事情，然而有些人就是喜歡把這些私事搬到別人的面前，大吐苦水，結果不僅自己煩惱未消，而且也把別人弄得煩不勝煩。

對於這些惱人的事，也許你根本懶得理會，甚至連聽也不願意聽，但是又怕發生不必要的誤會，所以常常勉爲其難充當別人傾吐苦水的「垃圾桶」，苦於無法擺脫對方。

遇到這種「煩人」，既妨礙工作，又弄亂自己的情緒，所以必須想辦法杜絕。第一，你可以推說自己很忙，遇上對方邀約一起吃午餐、喝下午茶時，一概以「忙得不能抽身」爲理由推卸。

凡是想找人訴苦的人，情緒必定相當激動，你一拖再拖，他肯定沒有耐心再等下去，會馬上轉移目標，這樣一來，你就可以逃過一劫。

第二是「裝傻」。一個善解人意的人，永遠會是一個好聽衆，但是，如果他在吐苦水的時候，你一直裝作聽不懂他說什麼，頻頻反問對方，對方等於對牛彈琴，你以爲他會有什麼感受呢？

或者，你可以表現得得心不在焉，只管說些漠不關心、牛頭不對馬嘴的話，對方也一定會知趣而退，另尋可傾吐煩惱的人，你就可以趁機脫離苦海了。

厚黑智典

千萬不要嚴酷得使部屬對你恐懼、憎惡，但是也不要溫馴得使部屬對你蔑視、輕慢。

——管理學家哈羅德·孔茨

7

PART

不要讓自己疲於奔命

一個領導者，必須客觀地對待自己和別人，即使再精明能幹，也要以寬容的心理解別人，不要時時刻刻都以自己的行為模式去衡量別人。

當個能綜觀全局的領導者

將工作轉交給部屬，不僅可以提高員工的能力，還能讓你有時間綜觀全局，讓你領導的事業擁有最大的突破空間。

想成爲優秀的領導者，一定要有識人之明，並且要有充分授權的觀念。否則，就會用人不當，讓自己像無頭蒼蠅一樣東飛西竄，疲於奔命卻又做不成什麼大事。

丙吉是漢宣帝身邊重要的宰相，有一年春天，丙吉乘車經過繁華的都城街道，恰巧看見有人當街群毆，死傷極多。

然而，當時他卻視若無睹，立即離開現場，接著他又看到了一頭拉車的牛，氣喘吁吁地吐著舌頭，一副無精打采的模樣，他居然立即派人去問牛的主人，這頭牛到底是怎麼回事。

丙吉對於人畜表現出兩極化的態度，令旁邊的隨從都感到好奇，不禁問他：「為什麼宰相對群毆的事情不聞不問，這會兒卻如此操心牛的氣喘，如此是不是有點輕重不分，本末倒置？」

丙吉認眞地回應：「制止群毆是長安令或京兆尹的職責，身爲宰相，我只要每年評定他們的政績，再將賞罰建議呈交給皇上就行了，並不需要參與這些瑣碎之事。至於關心牛隻，我之所以要停車探問，那是因爲，現在正值初春時節，黃牛卻大吐舌頭，氣喘不停，我很擔心是因爲陰陽不調。陰陽不調則關係舉國人民的生計，這是宰相的責任之一，所以我才特地停下車子詢問。」

衆隨從聽後，這才恍然大悟，紛紛稱讚宰相英明。

這個故事提醒我們，有能者或有權者，不要一味地把所有的權力都牢牢握在手中，或是大事小事都非得親身過問才可以，畢竟超過負荷的工作量，絕對不是最有效的工作方式。

那只會讓你工作辛苦，此外，管得太多也很容易雜亂無章，如果凡事必定要親自叮嚀，甚至插手其中，對工作上的績效無疑弊多於利！

其實，領導者最重要的工作，是擬定完善的計劃後，有條不紊地將工作分派給底下的人，而且知道哪個部份適合哪些人去執行，自己只要研究如何提高計劃的完成效率就可以了。

因爲，唯有這樣才能充分地運用員工的能力，還能讓自己能有效地綜觀全局，並讓自己領導的事業有最大的突破空間。

厚黑智典

天生就想要缺德做壞事的人，如果找不到漂亮的藉口，就會明目張膽地去做惡！

——伊索

限制越多，部屬越不靈活

領導者規定的事項越多，插手的事務越多，部屬為了生存，在這麼多限制裡，便學會了機謀，學會了算盡機關和陽奉陰違。

老子的「無爲而治」是一門高深的政治哲學，自古以來，一直被第一流的領導者奉爲做人做事的圭皋。

縱觀中國歷史，不少出色的政治家都喜歡以「無爲而治」來整治國家，以無爲而爲，由無爲達到有爲。

面對一片原始森林，如果我們不去理睬，它自己就能欣欣向榮，但是，經過人們插手之後，往往是草盛木稀，遭到滅頂之災，老子所提倡的「無爲」領導之道，便是要建立這種「順應自然」的思想觀念。

任何事物都有自然的規律，與其用強迫手段改變規律，不如利用原有的規律，將它轉化成爲我們能夠利用的資源。就像水遇熱變成蒸汽，這是無法改變的，然而我們卻可以利用這個規律生產暖氣，做人做事的道理也是相同的。

老子的「無爲」，分爲以下三個方面來理解：

首先，應儘量少下命令。

如果，管理者只讓其他人依令行事，勢必會打消他們的積極性、主動性和創造性，也必然會激起他們的反抗心理。

所以，最好的方法是只指出大方向，爾後便交由別人靈活處理。

其次是，對於部屬或其他人，應當儘量避免干涉或介入。

因爲，每個人的工作習慣不同，領導者不應該過度地干預其他人，更沒必要在一旁比手畫腳，如此，非但幫不上忙，萬一沒有處理好，恐怕會幫了倒忙。

重要的是結果，而不是過程。只要能達到期望的結果，不是非得依領導者的方法才可以，因此領導者更應該保持正確的態度，給部屬們一個獨立而自主的空間，反而更能加快事業的成功腳步。

最後一點是，不要用過多的政策加重部屬的負擔。

聰明的領導者並非什麼事都撒手不管，而是要能細心地留意部屬們的心理狀態和情緒動向，掌握整體團隊的方向和發展遠景，並在遇到困難時，能在職員面前鎮定自若，增加員工們的信心。

政策上忌諱的事情越多，或過度地限制部屬能力的發展，不僅會使部屬越來越怠惰、缺乏效率，還會讓整個組織或團隊越來越混亂。

領導者規定的事項越多，插手的事務越多，部屬爲了生存，在這麼多限制裡，便學會了機謀，學會了算盡機關和陽奉陰違。只有讓部屬自動自發地散發自己的能量，充分發揮創造力和想像力，才能開創出更寬闊的遠景。

厚黑智典

現在的年輕人似乎都沒有什麼遠大的理想。我最希望他們說的是：「我的目標就是把你幹掉，成為公司的董事長。」——本田宗一郎

杜絕下屬的越權行為

有的人常常在應該請示上司時而不請示，擅自決定本不應該由他來決定的事情，就是典型的的「越權」。

不同的管理人員有不同的職位，不同的職位有不同的權力範圍，這種權力叫做職位權力。但是，職位權力有時會出現錯位現象，即出現實際權力與職位不相符的情況，這種現象就是通常所說的「越權」。

其中，下屬的「越權」是最爲普遍的現象，具體來說有：

一是不該由下屬決定的問題，他擅自決定。

管理人員的主要職能之一是決策，但不同層次的管理人員只能做本身職責的決策，如果決定其他層次的問題，就是「越權」。

然而，在實際工作中，有的人常常在應該請示上司時而不請示，擅自決定本不應該由他來決定的事情。

譬如，主管在不經請示或報告的情況下，擅自決定對外聯營、合作經營等重大問題，就是典型的的「越權」。

二插手管不該管的事情。

管理人員只應該管理好自己範圍內的事情，對其他部門的事可以配合、協助，但不能強行發號施令。

有的人對上司或其他部門的工作，這也看不慣，那也不滿意，這也不行，那也不對，今天指指點點，明天提醒提醒，把手伸進同事的業務範圍，硬說是「幫忙」，也不看人家的臉色怎樣，還半開玩笑地鬧著要別人請客。這樣的人最討人厭。

下屬之所以會發生越權現象，原因不外以下三個：一是由於職責範圍不明，因而無意識地「越權」；二是對上級領導有意見，或是爲了顯示個人才能而有意地、不正當地「越權」；三是在非常情況下的越權。

領導者應該根據不同的「越權」情況，採取不同的防範措施：

‧明確職責範圍

權力應該與職務、責任相稱。換句話說，就是有多大的職務，就有多大的權力，就承擔多大的責任。

職、權、責一致是領導工作的一個重要原則。明確職責範圍，不應該停留在行文規定上，而要研究出若干辦法，制定實施細則，根據已有的經驗，定位、定人、定責、定標、定權。除規定常規決策、指揮、組織管理等工作外，還要明確可能出現的非常規問題該由誰負責處理。

‧進行一級管理一級的教育

除了對下屬明確職、權、責的範圍外，還要對下屬進行分級領導原則的教育。分級領導就是分層領導，下屬根據這一原則要認眞做好分內的工作，對上級領導負責，執行上級的指示，接受上級的領導和監督；主動地經常請示、彙報工作，積極地完成上級領導交給的一切任務。

‧為下屬排憂解難

上級領導在決策的基礎上，分派下級部屬任務、提出要求的同時，要深入基層，爲下屬完成任務創造必要的條件。上級要支持、鼓勵、引導、幫助下屬，關心、愛護下屬，爲他們排憂解難，及時解決他們工作中自己難以解決的問題。

這樣的做法，也可以防止或減少下屬由於來不及請示而出現的越權現象。

如果不深入基層，不接近下屬，高高在上，就會助長下屬「先斬後奏」、「幹了再說」的越權行爲。

厚黑智典

一個本領超群的人，必須在一群勁敵之前，方能顯示出他不同凡俗的身手。

——莎士比亞

不要讓自己疲於奔命

一個領導者，必須客觀地對待自己和別人，即使再精明能幹，也要以寬容的心理解別人，不要時時刻刻都以自己的行為模式去衡量別人。

除了要防止下屬「越權」外，領導者本人也應對自己的實際權力進行約束和控制，防止自己越權。

俗話說：「上樑不正下樑歪」，領導者自身越權，不僅對工作帶來傷害，而且也會助長下級的越權現象。

對這個問題，領導者要提高警覺、以身作則，盡力杜絕自己在工作中出現「越權」現象，爲下屬樹立一個好的榜樣。

領導者對下屬的「越權」，與處理下屬工作中犯錯誤時的不正確態度有關。

對尚未瞭解清楚的下屬，或者品行不端正、能力不足的下屬，不能草率使用；已經任用了的下屬，只要沒有發生重大的錯誤，就要對他們充分信用，放手讓他們幹，甚至在工作過程中允許他們犯若干小錯誤。

如果過於擔心下屬犯錯誤，事必躬親，就會「越權」包辦了原本應由下屬負責的事；如果給下屬太多的限制，不放心讓他們大膽去做，那麼，勢必無法培養出眞正有才幹的下屬，同時也可能失去許多獲得良好構想的機會。

對下屬工作中的錯誤，領導者當然要督促檢查、幫助指導，促使他努力改正，在工作中不斷吸取教訓、經驗，儘快成熟起來。對下屬偶然的錯誤，或過錯並不嚴重，不必小題大做。犯錯誤是人成長的必經過程——尤其對於新的職員來說。

就像某些燙手或尖銳的東西是生活中難以避免的，但是若因爲這些東西具有危險性而不讓孩子們去接觸，孩子就必然無法體會什麼叫燙或痛，同時也無法培養孩子們正確的判斷能力。更嚴重的是，若一次也不讓他們親身體驗，將來只會使他們遭受更大的傷害。

教導下屬與培養兒童的方法並無兩樣。身爲上司，應該賦予下屬更多的責任，原諒他們工作中的過失，幫助他們不斷成長，千萬不能有「杯弓蛇影」的錯誤心態。

有些領導者把自己的能力估計得很高，認爲自己事事能做，樣樣都行，而把別人看得很低，認爲他們什麼事都辦不好，總覺得自己不親自過問，事情就無法順利進行。這樣的領導者，只看自己的長處和別人的短處。

有人說：「一個人最大的缺點，就是他標榜自己沒有缺點。」

世界上沒有完美無瑕的人，自認爲完美的人，往往只是個狂妄自大的庸人。

那種自恃高明或完美無缺的領導，實際上就是沒有眞正樹立「無疵不眞」的意識，認爲自己無所不能，無所不會，所以就到處伸手，「越權」也就自然而生。這樣的人，即使他們已經命令下屬擬訂工作計劃，卻還是不會放心，暗中自己也擬訂一份，想要與下屬一爭長短。

對這樣的領導，同事會怎樣看呢？他們一定會說：「哼，這人就是喜歡表現自己，看不起別人！」

他的下屬甚至會想：「其實，我們就根本沒有存在的必要，就讓給他一個人做好了。」因而失去工作的積極性。

這種人或許不但幹不好自己分內的工作，而且還會影響到整個公司的大局。因爲這種領導在下屬眼裡沒有地位，誰也不會替他賣力。

所以，一個領導者，必須客觀地對待自己和別人，即使再精明能幹，也要以寬容的心理解別人，不要時時刻刻都以自己的行爲模式去衡量別人，稍微不符合自己的心意就感到不悅。

要能夠容忍別人的弱點和缺點，能見人之長，更能容人之短。

有了這種認知，就不會因下屬的弱點或缺點而對他產生不信任，也就不會事事都去干預原本該由下屬負責辦理的事。這樣，「疲於奔命」的現象也就不會出現。

厚黑智典

世界就是一片戰場，在這片戰場上，只有當機立斷的統帥才能獲得勝利。

——普列姆昌德

好的制度勝過增設幾個主管

有位跨國企業的老闆就曾經說過：「一套好的規章制度，甚至要比多添幾個主管還管用。」

對領導者而言，在管理工作上最棘手的事，莫過於公司中存在許多「公私不分」的下屬了。

因為公私不分，導致員工往往無法遵循公司的規章制度去做事。

「沒有規矩就不成方圓」，也不能使團隊正常運作，因此不管在企業或事業單位，規章制度都是管理中必不可少的。有位跨國企業的老闆就曾經說過：「一套好的規章制度，甚至要比多添幾個主管還管用。」

制定規章的目的在於使一些曖昧不明的事項，有一套遵循標準。

因此，在一個朝氣蓬勃、蒸蒸日上的公司裡，必然要有一套行之有效而被大家共同遵守的規章制度，並且將這些制度化爲下至員工、上至高層領導的工作精神與行動準則。

公私分明是規章制度中最重要的原則。

當新進員工剛進公司時，就應該徹底向他們灌輸公私分明的理念，如果一開始便公私混淆，極容易造成下屬凡事馬虎的態度，公司的原則就無法堅持。

但是，許多上班族往往會有這樣的體會：公司制定了不少規章制度，在很多時候根本就不管用，例如，許多員工把一些公司財產據爲私用，或者在使用的過程中，浪費的情形嚴重。

公司的信封、信紙、筆，或者是其他文具用品，看似不起眼，但是，這些東西絕對不能使用在私事上。這個道理雖然每一個人都明白，但實際上很不容易做到公私分明。

正因爲大家都認爲一個信封算不了什麼，才使得公司每年的消耗品費用居高不下。也由於這類經費支出龐大，使得公司的生產成本大幅度提高，失去了與同行業競爭的力量。

某一次，在一個超級市場所舉辦的有關領導人才培訓研習會上，某位負責人事方面的董事這樣說：「坦白說，在我們這個行業中，每年因扒竊所造成的損失數字相當龐大，這是令我們深感頭痛不已的問題。而最感頭痛的是，其中屬於公司內部員工順手牽羊所占的比例相當高。」

事實上，這種公司職員將公司所屬的物品私自挾帶而出的情形，除了員工心存貪念外，主要因素在於他們缺乏「公私分明」的認知所致。

另一方面，由於公司的管理者往往採取小事寬容的態度，對於這種歪風不加以積極追究，致使扒竊情況日益嚴重。

所以，對於員工「公私不分」的現象，領導者不應該採取寬容的態度。因爲，你今日寬容了一回，明天公司的局面就可能難以收拾。

另外，要下屬做到的事情，最關鍵的是領導者自己要先做到。

有一句話叫做「善爲人者能自爲，善治人者能自治」，一個公司要朝氣蓬勃而又有規章可循，關鍵之處還在於領導者是否有正確的自律和示範意識，能不能做下屬的榜樣。

領導者只有身體力行，以身作則，才能建立起人人遵守的工作制度。只有以身作則的領導，才能影響下屬朝著良性的方向發展。

屬於領導自己做不到的事，就不能要求下屬去做；要求下屬去掉的壞毛病，就要先要求自己去掉。

厚黑智典

有三種品質是領導者所不可缺少的，第一是氣魄，第二是氣魄，第三還是氣魄。

——美國作家惠普爾

不要掉入越權的陷阱

「管理是通過他人將事情辦好。」可是，許多管理者卻常常試圖由自己將事情辦好。

有時，領導者的「越權」是由於他與下屬的關係太過密切引起的。

關係密切，可以與下屬建立深厚的的感情基礎。一個領導者與下屬的關係如何，在很大程度上反映了這個領導者的作風、品格、形象和公司的凝聚力等。領導者與下屬關係密切，還有一個好處是，能夠相互知道對方的長處與短處，做到取長補短。

但是，決不能因此就喪失上級的威嚴，失去下級的服從，這樣工作就不會有效率，甚至管理會出現一片混亂。

美國管理學會前任會長阿樸里曾經給「管理」下過這樣一個定義：「管理是通

過他人將事情辦好。」

可是，許多管理者卻常常試圖由自己將事情辦好，這是一種不明智的行爲。管理者日常只須專心處理好少數重大的事件，而將其他瑣碎的多數事情，交給下屬處理。如果事事躬親的話，勢必就會成爲管理者「越權」的一個陷阱。

你不妨根據下面所選摘的題目，判斷自己做事的傾向：

- 當你不在場時，你的下屬是否會推動例行性工作？
- 你是否會感到例行性的工作太佔用時間，以致無法騰出時間擬定重大計劃？
- 一遭遇緊急事件，你掌管的部門是否即刻出現手足無措的現象？
- 你是否常常為細節問題而操心？
- 你的下屬是否經常要等到你示意才敢著手工作？
- 你的下屬是否無意給你提供建議？
- 你是否經常抱怨工作無法按原定計劃進行？
- 你的下屬是否只機械地執行你的命令，而欠缺工作熱情？
- 你是否常常需要將公事帶回家裡處理？

• 你的工作時間是否經常長過你的下屬的工作時間？
• 你是否經常感到沒有時間進修、娛樂或休假？
• 你是否常常被下屬的「請示」干擾？
• 你是否因接到過多的電話而感到厭煩不已？
• 你是否常常感到無法在限期內完成工作？
• 你是否認為一位管理者理應忙得團團轉才才配領取高薪？
• 你是否不讓下屬熟悉業務上的機密，以免被他們取代你的職位？
• 你是否覺得非嚴格地領導下屬的工作不可？
• 你是否花費一部分時間去料理下屬能自行料理的事情？
• 對於你來說，加班是否一種家常便飯？

假如你對以上問題的答案都是「否」，則表示你已能對下屬恰當授權；假如你的答案中具有一個至五個「是」，則表示你授權不足，但是情況並不嚴重；假如你的答案中具有六個至八個「是」，則表示你事事躬親的程度相當嚴重；假如你的答案中具有九個以上的「是」，則表示你極有可能是一位事事躬親的「越權」者。

在整個公司中，領導者是一個權高位重的人物，一言一行勢必將對大局產生重大的影響。因此，權力的使用恰當與否，關係到整個單位的命運。

一個眞正優秀的領導人，絕不會依靠權力來行事。例如，當下屬沒有按你的意願做事的時候，你該找他坐下來好好談談，不必動用手中的權力；如果你擺出強制的態度，無疑證明，你對下屬充滿不信任。

當你期待下屬有所表現時，首先你要相信他的能力，當你已決定委派他去幹一件事情時，便不可再輕視他的能力，應給他努力行動的空間。即使自己有好的構想，也要放在心裡，耐心地幫助他們，鼓勵他們，給予他們意見與忠告。

厚黑智典

一個人用心就能完成的職務，如果由兩個人去做，會做得一團糟，如果由三個人或更多人去做，則幾乎無法完成。

——美國總統華盛頓

「討好」並不等於放縱

一個想要前進的人，一定要懂得適時後退的道理，當前進受阻的時候，不如緩一緩，甚至退一步。

依靠裙帶關係在公司企業中狐假虎威的人，可以說相當普遍，這是令領導者極爲頭痛或無可奈何的事情。

通常，這類下屬身家背景不錯，人際關係較爲廣闊，不是與最高領導階層關係甚密，便是在外擁有大企業作爲靠山，或是與往來銀行關係良好。

這種人如果本身具有能力，不妨善加利用。但是，如果這類下屬相當無能，也必須交付一些較爲簡單但又較體面的工作，不可以讓他們無所事事。

在與他們交往時，不可過於密切，以免引起其他下屬的不滿，而背上趨炎附勢的「罵名」，但是應該避免排斥或得罪他們，最好技巧性地保持雙方不慍不火、若即若離的關係。

對於他們擁有的優點，你應該努力發掘和利用，切忌帶著有色眼鏡去看他們，甚至從一開始就把他們當成不學無術之徒而另眼相待，或與他們作正面抗衡。

當然，這種下屬的缺點常常是顯而易見的。最常見的是，利用自己的家庭背景和人際關係而對上司或同事傲慢無禮，態度惡劣。但是，因爲他們的靠山很可能是你的頂頭上司，也可能是公司業務上的大客戶，所以仍要避免得罪他們，使他們對你無計可施，然後從他們身上挖盡好處。

一個想要前進的人，一定要懂得適時後退的道理，當前進受阻的時候，不如緩一緩，甚至退一步。退讓並不是軟弱、放棄的表現，而是爲了要向前多邁幾步。避免得罪他們，表面上是自己退了一步，但實際上是要利用了他，從他身上得到好處，這才是最高明的方式。

日本著名的製片家和田勉先生，曾經就薪水階層如何應付令人厭惡的上司，提出了一套建議。他幽默地表示：「對於令人討厭、不好應付的上司，身為部屬者不妨運用『討好』的方式，反過來利用他。一旦你施展出此種手段，則無論哪一種類型的上司，都不致於過分為難你，甚至可能把你當作知己。換句話說，對方此時已毫無抵抗力可言。待一、二年過後，該位上司終會由於人事的變動，從自己的眼前自動消失，但是你早已從對方獲得了許多好處了。」

事實上，你也同樣可以運用這種方法，去對付那些令人頭痛而又不能得罪的傢伙。不過，有一點不可忘記，「討好」不等於放縱。對於這類人，一旦他們的行爲過火或犯了差錯，不妨私下加以糾正，以保全他們的面子。

厚黑智典

你的努力如果產生不了利益或快樂，那麼你的辛苦就白費了，也休想得到別人的稱讚或感謝。

——俄國作家克雷洛夫

為自己的「錢櫃」加把鎖

對公司的錢櫃千萬不能忽視。為了保障公司的財物或資料安全，應在適當的地方，加設安全鎖或監視器。

某家公司曾經發生了一件竊案，某天，一位會計部的女職員返回自己的辦公室，用鑰匙打開辦公桌的抽屜，赫然發現放在抽屜裡的公司零用金竟不翼而飛。

一開始，她以爲放在其他的抽屜裡，但是遍尋不著，遂向上級報告。

上司檢查過她的辦公桌，發覺並無破壞過的痕跡，於是叫她想清楚有沒有放在其他地方。女職員不假思索，一口咬定自己不會將公款放在身上，爲顯示自己的清白，她提議上司報警。

但是該上司認爲報警會很麻煩，而且款額不多，就沒有打算報警。但是，從此以後，這位女職員就再也沒有被公司託付收存公款了。

女職員當然感受到上司懷疑她盜用公款，因此不再放心讓她收款，於是有了辭職的想法，但是隨後一想，如果自己現在辭職的話，那麼在外人看來，不正好顯示自己心虛嗎？

女職員想來想去，感到左右爲難，不知如何是好，終日坐立不安。

會計部的同事也非常害怕有一天類似的事情會發生在自己的身上，於是紛紛將公款藏在身上，不敢放在公司裡。如此一來，害怕公款被偷的心理弄得人心惶惶，提心吊膽，影響了工作情緒。

上面這則故事，實際上也涉及了公司錢櫃保管的問題。錢是公司「命根子」，錢櫃的保管就絕不是小問題。

保管不好，不僅使公司蒙受巨大損失，更重要的是，弄得會計部甚至整個公司人員人心惶惶、杯弓蛇影，人人都有不安全的感覺，不能安心工作，事事有所顧忌，最後導致公司人財兩空。

所以，上司無論怎麼忙，對公司的錢櫃千萬不能忽視。

爲了保障公司的財物或資料安全，應在適當的地方，加設安全鎖或監視器。有僱員辭職，而對該僱員的人格又有所懷疑的，應在重要的抽屜或門閘加鎖或換鎖，以此保障公司財物和現有僱員的安全。

厚黑智典

我只相信，靈感是在努力工作的時候產生的，當你確信自己的努力對事業有益時，工作起來也會顯得格外輕鬆。——奧斯特洛夫斯基

越是小事，越要劃分清楚

「不因善小而不為，不因惡小而為之」，小東西所反映的問題以及造成的傷害，有時比你想像的要嚴重得多。

據說，日本「最佳」電器株式會社社長北田先生，爲了培養自己下屬的自我約束能力，創立了一套「金魚缸」式的管理方法。

他解釋說，員工的眼睛是雪亮的，領導者的一舉一動，員工們都看在眼裡，如果你以權謀私，員工們知道了就會瞧不起你。

「金魚缸」式的管理就提高管理工作的透明度，管理的透明度一高，大家都互相監督，每個人自然會加強自我約束。

麥當勞公司曾經一度出現嚴重虧損，公司總裁親自到各公司、各部門視察後，終於發現了問題所在。他看到各公司部門的經理都習慣坐在高靠背椅上發號施令，於是他向所有的麥當勞速食店發出指示，必須把所有經理坐的椅子換掉，促使經理深入現場發現問題。

這一招竟然使麥當勞公司經營狀況獲得了極大的轉機。因爲老闆和職員同乘一條船，只有平時同甘共苦，情況緊急時才會同舟共濟。

同樣的道理，要讓下屬堅守公私分明的原則，領導者必須以身作則，率先示範，顯示出公私分明的態度，而且，越是小事，就越要劃分清楚。

你必須堅持原則，即使你的前任公私不分，但從你任職起就絕不能跟著仿效。身爲公司的領導階層，你必須要有這樣的觀念才行。

某位從學校畢業不久的年輕研究生，因才幹突出，一年後，就被公司拔擢爲部門主管，有一次，他使用公司的信封寫信給自己的大學同學。

這封信被同學的父親看見了，無巧不巧，而這位同學的父親正是與該公司往來密切的合作伙伴。

這位高級主管由這件事瞭解到：「這家公司的風氣不太好，這樣的公司怎麼能夠認眞地做生意？」於是便終止了與這個公司的合作計劃。

誰能想到這竟然是一個小小的信封惹的禍呢？

「不因善小而不爲，不因惡小而爲之」，因此，千萬不要小看了一個信封或一張信紙或一支筆，這些小東西所反映的問題以及造成的傷害，有時候遠比你想像的要嚴重得多。

厚黑智典

做將軍需要的才能，與做士兵需要的才能是大相逕庭的。

——李維《羅馬史》

努力不代表效率

偶然加班，可以刺激下屬的工作效率，但是長期的加班，就會打擊他們的情緒，並不值得鼓勵。

當你看到下屬連續幾天加班到深夜時，你會作何表示？

或許你會對他說：「辛苦了！」使下屬感到極大的安慰和鼓勵，同時，你可能會因爲有這樣埋頭苦幹的下屬而感到欣慰，認爲他們充滿幹勁，值得獎勵。

一般而言，既能夠讓下屬努力工作，又使他充分休息的人，必然是精明幹練的領導人，他善於將下屬的工作與休息作適當的安排和調整。

要知道，激發下屬的積極性，讓他充滿幹勁激情，固然難能可貴，但是絕不能常常加班。

因爲努力並不代表效率，只有讓下屬在緊張的工作之餘，能夠盡情休閒和休息，才有充沛的精力和活躍的思想去做好第二天的工作。

偶然加班，可以刺激下屬的工作效率，但是長期的加班，就會打擊他們的情緒，並不值得鼓勵。

事實上，長期需要下屬加班，就顯示出人手不足。如果你以爲下屬會因爲加班的額外收入而沾沾自喜的話，你就大錯特錯了。

有一位來自巴西的足球運動員，因爲家人生病而在比賽最緊張的時候整裝回國。雖然他遭受了球迷的斥罵和俱樂部的嚴厲批評，認爲他缺乏責任心，但是也有人認爲，這恰恰是人類原本應有的態度。

現今，已經很難在現實中找到不分日夜爲公司賣命的人了。大部分的員工都希望下班以後的時間能屬於自己，絕不想將它用在工作之上。

下屬經常加班，除了家庭生活會受到一定的影響外，對工作本身並沒有好處。由於下班太晚，回家後又要處理私人問題，往往弄到凌晨時分，延遲睡覺，造成睡眠不足。

睡眠不足，使精神難以集中，以至影響第二天的工作情緒，效率和品質自然下降。身為領導者，假如你目睹下屬的這種狀態，又會作何感想呢？增加人手，比要求員工經常疲於加班更加實際，而且更有利於生產。

厚黑智典

最優秀的領導者不能遵循社會的既定路線，他必須去找出自己要走的路，他必須在社會的叢林裡不斷探尋。

——管理學家哈羅德·孔茨

怎麼當個「和事佬」？

以「和事佬」的角色出現，要注意自我保護，也就是說給自己的行動定一個界限，不要深陷其中。

同事之間可能爲了爭權奪利而鬧得不愉快，如果領導者能夠巧妙地加以利用和操縱，以「和事佬」的角色出現，有時可收到意想不到的效果。

一個能夠控制局勢的掌權者，總是善於在派系林立、矛盾紛爭的局面中尋求平衡，他往往是以「和事佬」的姿態出現，調解屬下的矛盾糾紛，以利工作。

但做好事之際要注意自我保護，給自己的行動定一個界限，不要深陷其中。

例如，有人請你做「和事佬」，你不妨只做飯約的陪客，或作爲某些聚會的發起人，但不應該反客爲主把責任往自己身上攬。你最好對雙方的對與錯均不予置評，更不該為某人多作解釋，只要告訴他們「解鈴還需繫鈴人」，義務就算完成。

當然，假如問題不僅沒有解決，反而變得更加嚴重，已經影響到了工作，身為領導者，你就必須先詳細瞭解他們的情況後，再單獨接見他們。儘管你的心裡已經是非有數、黑白分明，但不要公開說出來，以免進一步影響兩人的感情。

你不妨對他們說：「事情我已經弄清楚了，雙方完全沒有必要鬧得這麼凶，事情過去就不要再提了，你們要從公司的大局出發，以後不計前嫌，攜手合作。」

你這麼一說，雙方都有了台階可下，互相道個錯就一了百了，相信經過幾天的冷靜，雙方的態度都會有所收斂。

厚黑智典

最能顯示出一個領導人智慧的是，他能在各種危險之間做出權衡，並選擇最小的危險。

——馬基維利

8

PART

有才華，也要懂得生存的方法

才華橫溢的人容易有恃才傲物、好高騖遠，如果你自認是個才華洋溢的人，就必須更加熟悉職場的生存法則，以免自己落得悲慘的結局。

腳踏雙船最安全

如果你同時與兩位上司共事，而這兩位上司之間情若冰炭，勢同水火，你就不得不考慮「腳踏兩條船」的技術性問題。

許多歷史上和現代社會中的名人，在功成名就之前，都曾幹過過河拆橋、投機取巧的小人勾當。如果你不知道壞人如何使壞，不知道「壞人」的心中到底懷著什麼「鬼胎」，那麼又如何能知己知彼，進而跟「壞人」周旋到底呢？

想要在既現實又複雜的職場叢林活下去，有時候要學會「腳踏兩條船」的本領。說到「腳踏兩隻船」，很多人會皺著眉頭說，這豈不是騎牆派的做法嗎？跟用情不專的人有什麼兩樣？

其實，這是一種很大的誤解。

第一，職場不是情場，上司也不是你的愛人；腳踏兩條船只是適當地分散風險，而且在實際工作領域中，這是經常碰到的事。

第二，所謂的「腳踏兩條船」是指在晉升之途是窮凶極惡的，絕對不要逼自己一直走在鋼絲上，否則可能遭到不測。

法國的奧塞多維亞先生是世界上聲名赫赫的走鋼絲的專家，但是最後卻從橫跨兩座山之間的鋼絲上摔下，跌落山谷而亡。

奧塞多維亞曾於一九九七年走過固定在長江三峽兩岸的一根鋼絲，也走過無數次世界著名高樓大廈上的鋼絲，可是他最終還是粉身碎骨了。

在人生旅途中，千萬不要學奧塞多維亞那樣，爲了要展現藝高膽大，而一直將自己置於高度危險的環境。

我們不能死心塌地跟定一個上司。因爲，在很多時候，上司之間的關係極爲微妙，或者變幻莫測。

如果你同時與兩位上司共事，而這兩位上司之間情若冰炭，勢同水火，你就不得不考慮「腳踏兩條船」的技術性問題。

如果你不這樣未雨綢繆，而是選擇跟定其中某一人，一旦有什麼閃失，那麼另外一位就會藉機將箭頭瞄準你，置你於「死」地，而你效忠的對象則有可能將你當成「擋箭牌」，任憑你白白犧牲。

但是，想要腳踏兩隻船必須踏得巧、踏得妙，否則極容易落水溺斃。

你不能赤裸裸地表明這樣的態度——你們兩個之間的事，我根本就不想捲入，哪個我都不想得罪。

擺明這種態度的話，他們兩個可能都不會對你有好感。

他們或許會認爲你表面這樣說，實際上是和另一方暗中「勾結」，或許認爲你就像寓言故事裡的蝙蝠一樣，是個騎牆觀望的投機傢伙。

結果，你就眞變成了寓言裡的可憐的蝙蝠，兩邊都不要你，兩邊都不理睬你，有什麼機會或好處也輪不到你。

明智的辦法應該是，要儘量協調他們之間的矛盾，至少不要在他們中間搧風點火，擴大事態。

而且要經常和他們溝通，表示自己夾在中間處境十分爲難。

如果甲上司叫你去做某事，你明知乙上司會反對，那麼你就應該主動跟乙上司談談，告訴他這是甲上司的意思，與他研究應該怎麼辦，有沒有不妥之處。

在這種情況下，乙上司就很容易理解你的苦衷，即使你照甲上司的意思去做了，他也不會因此而忌恨你。

如果乙上司堅決不同意甲上司的意見和做法，那麼，他也不會把這個問題推給你，他會直接找甲上司交涉。

你只有這樣「乖巧」一點，才不至於成為雙方權力鬥爭的犧牲品，才有可能左右逢源，為自己鋪起一條金光大道。

厚黑智典

如果你不是偷保險箱裡的錢時被當場捉住，或是公開毀謗老闆，那麼，你可以在許多公司裡找到謀生的工作。

——加里．莫哈爾

接近深具潛力的上司

與其刻意巴結討好現在正春風得意、紅得發紫的上司，倒不如退而求其次，用心去接近具備創大業、做大事潛力的上司。

想要讓自己在升遷的道路走得平穩順暢，最基本的原則還要眼睛放亮點，細心觀察你目前的上司有沒有必備的領袖性格或領導人特質，能夠使他從激烈的人事競爭中殺出層層重圍。

所謂「路遙知馬力，日久見人心」，強調的就是患難時期最容易見眞情，貧賤之交最難以讓人忘懷。

這層道理也可以運用在選擇追隨哪位上司。

如果你還年輕，有足夠的等待時間，那麼，就要懂得逆勢操作的奧妙，與其刻意巴結討好現在正春風得意、紅得發紫的上司，倒不如退而求其次，用心去接近現在並不走紅，甚至有些抑鬱不得志，但是具備創大業、做大事潛力的上司。

這是因爲，他現在地位不高，向上晉升的態勢還不明顯，沒有衆星拱月的優越感，願意與他接近的人並不多。

如果此時你誠心誠意追隨他，他就會對你產生感激之情，產生知遇的好感，知道你並不是那種追腥逐臭、趨炎附勢的泛泛之輩。

如果有一天他的運勢否極泰來，突然飛黃騰達了，你就極有可能是他安排人事佈局時第一個考慮到的人。

屆時，你無須多費唇舌，更無須汲汲營營鑽逢，很快就會吉星高照，獲得上司提拔重用，還會跟他在以後的共事中更加親密無間。

儘管，此時他必然終日被那些忙著交心、獻媚的下屬和同僚纏得脫不了身，但是，你仍然可以「不戰而屈人之兵」，靠著先前的運籌帷幄而「決勝千里之外」，戰勝那些臨時「抱佛腳」的人。

當然，那些急功近利、趨炎附勢、過於市儈的人，眼光不會看得那麼長遠，也很難做到這一點。

正因爲如此，你更必須具備高瞻遠矚的做人做事智慧，讓自己站得高一些，看得遠一些，那麼，成就也會超越別人。

厚黑智典

假話是社會生活中不可缺少的，因為，把自己的一切都暴露無疑的人，人際關係勢必置於險境。

——宮城音彌

設法讓同事對你又敬又畏

唯有讓你週遭的同事對你又敬又畏，你才能順利指揮他們，把他們當成向上躍昇的跳板。

有一部電影裡頭有一段靠著露出「絕活」而樹威的情節。

一位長相清秀的年輕女警官到一個人才濟濟的警察局擔任督察，男警員們見了她，都面露鄙夷不屑的表情，而且有意無意地在言行之間吃她「豆腐」。

這位女警官初到陌生的警局，面對這些喜歡「揩油」的小人只能忍氣吞聲，不過，她很快就利用機會扳回劣勢。在一次射擊訓練中，她掌握契機展露精準的槍法，把那些男性同事們都給「鎮」了。

射擊訓練中，每個人依序各擊十個飄浮氣球，男性警官中成績最好的一位才擊中五個，有的甚至一槍未中。

輪到這位女警官射擊時，她泰然自若地從腰間拔槍，「叭，叭，叭……」連發十槍，槍槍命中，頓時全場鴉雀無聲，只有氣球的碎片在衆人的面前飛舞。

這種景象正是「此時無聲勝有聲」。從此以後，大家都對她敬畏有加，不敢再表現出輕薄造次的行徑。

很多人認爲，當一個上班族或領導者只要有修養和內涵，就可以不注重如何表現自己的才能。

也有的人認爲，只要踏踏實實地做事，老老實實做好自己的分內工作就夠了。殊不知，這種厚道的想法只會使別人將你看成無能的人。

心理學家告訴我們，在很多時候，位居領導地位的人，威信往往是經由「旁門左道」而樹立起來的。

一個人初來乍到某個態勢不明的新地方，往往就是樹立自己威信，讓小人服服貼貼的最關鍵時刻。

如果你能像故事中的女警官，適時露出幾手自己拿手的絕活，別人對你的觀感和態度就會立即改變，很多難題也會迎刃而解。

記住，唯有讓你週遭的同事對你又敬又畏，你才能順利指揮、利用他們，把他們當成向上躍昇的跳板。

除此之外，做人一定要有一些心機，面對向你低聲下氣的對手，不應該完全相信，而要提防他在你解除心防的那一剎那發動攻擊；千萬不要覺得對方可憐，就留一條退路給他，因爲，一旦他強大起來，隨時可能對你不留情面。

厚黑智典

當人們相信你之後，你說的事實才會成為事實，但如果他們不知道你在說什麼，他們就無法相信你。

——威廉．伯恩巴克

踩著同事的肩膀往上爬

你能不能踏著同事的肩膀順利往上爬，全看你是否平常就牢牢掌握了同事的心，這會影響到他們願不願意在關鍵時刻支援你。

科學家牛頓曾經說：「如果我比笛卡爾看得遠，那是因為我站在巨人的肩膀上的緣故。」相同的，在一家公司或一個團體裡工作，想要順利獲得晉升，你也必須站在同事的肩膀上。

首先要瞭解自己目前所處的地位，還要處理好上司、部屬與同事這三者之間的人際關係，並想辦法牢牢掌握部屬和上司的心。最重要的是，你一定要摸清楚同事們的工作狀況和生活情形，瞭解他們的興趣和願望，和他們保持和諧的關係，才能借力使力，讓自己順著這條渠道，比他們更快獲得升遷。

一般而言，同事是指和自己職位相等的人，比普通只是在一起工作的人還要親密的工作夥伴。在公司部門裡，特別是在晉升機會較少的部門，每當有職位出缺，就有許多競爭者爲了晉升而勾心鬥角，擠得頭破血流，從來不會靜下心來思考如何利用同事，幫助自己達成夢想。

在職場工作，維持生活開銷和獲得成功的感覺，是上班族最終，也是最大的目的。因此，在不違背自己價値觀念、不使用權謀詐術的原則下，只要你能牢牢掌握同事的心，想要達成自己的目的，絕非困難之事。

如果你平時就能對同事表現這種寬大的胸懷，設法去瞭解他們的心思，盡力幫助他們達成目標，那麼，這些同事就會變成你最佳的墊腳石，升遷的時機一到，你就能捷足先登，踩著他們的肩膀往上往上跳，比其他人爬得更高更快。

在等待升遷的時候，爲了要讓這種可能性更加篤定，平常你就必須讓週遭的同事公認你有資格成爲他們的新上司。再說，要讓他們日後心甘情願爲你效勞，也必須使他們對你的爲人處事心服口服才行。

一般而言，人事單位在考慮是否由你晉升之前，會先徵詢其他同事的意見：「你們認爲他適當嗎？」

同事們所表達的意見，或許不會直接左右人事單位的決定，但還是會被列入人事審核的重要參酌資料。

假使人事單位所得到的答案是：「要我在他手下做事，門都沒有！」那麼，即使你最後還是晉升了，將來也無法順利地管理你的部屬。

你能不能踏著同事的肩膀順利往上爬，全看你是否平常就牢牢掌握了同事的心，這會影響到他們願不願意在關鍵時刻支援你，至少不要扯你的後腿。因此，想要出人頭地的上班族，平常就要努力做好同事之間的人際關係，千萬不可疏忽。

厚黑智典

我們可以知道一個簡單的道理，那些膽敢在貓的耳朵產子的老鼠，一定詭計多端的鼠輩。

——約．海伍德

為自己選擇一個最好的跳板

就像古時候封建貴族們擁有自己領地和城池一樣，你也應該為自己好好地挑選一個有利的戰鬥位置，才能據此「攻城掠地」。

如果你擁有比別人更加出色的才幹，常常協助別人解決難題，而且在公司擁有和諧的人際關係，你就掌握了許多可供使用的籌碼，一旦你需要幫助的時候，隨時都可以轉換成助力。

只要你不輕易浪費籌碼，久而久之，這些籌碼就會累積成一大筆無形的財產，爲自己鋪設一條平步青雲的晉升之路。

當你擁有了別人所欠缺的助力，接著就可以根據自己的專長，擬定日後的升遷目標，想辦法讓自己躋身最有利的位置。

你不妨思索：「在公司裡，最有利的職位是什麼？最不利的職位又是什麼？我要朝哪個方向前進，才能快速躋身權力中樞？」

你必須先確認自己擁有什麼樣的專長與希望獲得哪個重要的職位，然後把這個職位當成自己的跳板。

就像古時候封建貴族們擁有自己領地和城池一樣，你也應該爲自己好好地挑選一個有利的戰鬥位置，才能據此「攻城掠地」。

也許你會問：「難道別人就不會運用手腕嗎？」

不錯，很多人都同樣處心積慮地在圖謀籌劃自己的未來，想要爬到最有利的地位，握有最大的實權。

但是，你不必擔心也不用介意，因爲，整天漫無目的地過日子，毫無奮鬥目標的仍然大有人在。

有些人外表像老虎般威武勇猛，似乎行事相當敏捷、果斷，實際上卻是唯唯諾諾的好好先生，軟弱得近於羔羊。

這樣的競爭對手根本不堪一擊。

有的人雖然頭腦聰明，足以成爲你競爭上的勁敵，但是，這些人往往恃才傲物，缺乏耐心、毅力。這樣的人根本也成不了氣候，你只要能善用做人做事的巧妙手腕，成功最後必然屬於你。

厚黑智典

有許多真話，需要有人去講，可是始終沒人敢講；有許多真相，需要有人去揭露，卻始終沒人敢去揭露。

——塞繆爾・巴特勒

別帶著有色眼鏡看人性

人性其實很簡單，你付出什麼，就會得到什麼。將「人性」複雜化，或貼上負面標籤，只會讓你得出負面的分析結果。

有許多身居高位的大人物，會細心記住一些小職員或只見過一兩次面的下屬的名字，在電梯或門口碰到時，從容叫出他們的名字。如果你也肯下這樣的功夫，一定會讓下屬受寵若驚。

人非草木，孰能無情。大部分人都講究人情味，喜歡「將心比心」，因此，你想要別人怎樣對待你自己，你自己就得先怎樣對待別人。這也就是「同理心」或「易位思考」，即設身處地爲別人著想。

在經營自己的辦公室人際網路時，千萬要記得只有先付出誠摯的眞情，才會獲得投桃報李的回應。

日本著名的企業家松下幸之助就是一個相當注重感情投資的人。他曾說過：「最失敗的領導人，就是那種員工一看到你，就像魚一樣逃開的領導。」

在創業早期，松下幸之助每次看見辛勤工作的員工，都會親身送上一杯自己泡的茶，並充滿感激地對他說：「太感謝你了，你太辛苦了，請喝杯茶水吧！」

正因爲在這些小事方面，松下幸之助都不忘記表達對下屬的感激和關懷，因而獲得了員工們一致擁戴，每個人都心甘情願地爲他效力，設身處地爲他著想。

人性其實很簡單，你付出什麼，就會得到什麼。將「人性」複雜化，或貼上負面標籤，或者戴著有色的眼鏡去看「人性」，只會讓你得出負面的分析結果，替自己的工作和生活帶來一些不良影響。

不管現今的社會如何現實，有時候，誠懇親切地對待同事或下屬，仍然可以輕而易舉地解決你長期以來都感到棘手的問題。

譬如，你以命令的語氣要員工去做某件分外的事情，他或許會找各種理由推託，或者婉轉地要你找別人做，甚至「大義凜然」地以這不是自己分內工作而拒絕，讓你當場難堪不已。但是，如果你誠懇地說一聲：「請你幫個忙，好嗎？」問題就有可能迎刃而解。

誠懇親切的態度會傳達出人類與生俱來的，或許是潛意識裡面的認同感。那是一種彼此珍視的共鳴，或者說是對「人性」——人不同於其他物種的一種呼喚。

厚黑智典

求職的時候，面對老闆，你必須去刺激他、說服他，你要吹噓一番，不然，你就沒機會了，相信我。

——吉伯特

有才華，也要懂得生存的方法

才華橫溢的人容易有恃才傲物、好高騖遠，如果你自認是個才華洋溢的人，就必須更加熟悉職場的生存法則，以免自己落得悲慘的結局。

在職場中我們常常會發現，才華洋溢的人往往不是成功者，而許多能力平庸的人卻在升遷過程如魚得水。

這是因爲，才華橫溢的人往往是自負的，也經常在無意中表現出恃才傲物的姿態，無法與周圍環境的人事物進行良好互動，與團隊格格不入，自然受到其他人排擠，很難有所表現。

此外，他們並非什麼都懂，還是會有不足之處，對於自己無法掌握的事，往往除了歎息就是無奈。

至於，那些才智平平的人卻知道自己不足之處，懂得如何待人處事，懂得如何把握升遷的機遇，懂得如何把有限的才智用在最該用的地方，反倒可以在工作場合中平步青雲。

才華橫溢的人容易有恃才傲物、好高騖遠、不願意老待在一個地方……等毛病，做事時也往往忽略別人的感受。

正因如此，著名的日本松下電器公司的用人理念是只用具有七十%能力的人，而不用業界最優秀的人。

因為，這些人做事認真，而且友善、謙虛，對上司和同事更具親和力。

所以，如果你自認是個才華洋溢的人，就必須更加熟悉職場的生存法則，以免自己落得悲慘的結局。

首先，要懂得與其他同事合作。

在職場上，才華只是成功的諸多要素之一，你的才華必須先融於團隊之中，與其他人的才華相互配合，形成一加一大於二的合力效應，這樣團隊才能成功，你也才可以彰顯個人的成就。

想要在現實生活中生存，要先試著去適應自己身處的環境，然後在展現自己才華的過程中，努力創造一個更加適合自己的新環境。

厚黑智典

對一個人來說，如果想要知道自己該向哪裡進攻，在哪裡據守，往哪裡撤退，別急著研究自己，必須先了解你的競爭對手。

——戴維．斯托特

小心成為被封殺的對象

一旦你攻擊他人的痛處，修養好的人雖不至於當場發作，但心中的疙瘩和怨恨往往難以抹平，你就會變成被「封殺」的對象。

一個人若想和上司、同事間建立良好的人際關係，一定要記住：保持適當距離，做事公私分明，尤其要注意不要踩到別人的痛處。

被擊中痛處，對任何人來說都是件不愉快的事。因此，不管在什麼情況下，千萬都不要去碰觸別人的痛處，這點不但是待人處事應有的禮儀，更是在職場叢林中左右逢源的關鍵。

有修養的人即使在盛怒之下，也不會擴散憤怒的波紋，但是涵養不夠的人，被激怒了，往往就會面露兇貌、口出惡言，甚至隨手拿起手邊的東西往地上摔。

某些沒有修養的人暴跳如雷的時候，還會口不擇言，用侮辱性的語言攻擊別人最敏感的隱私。

一旦你攻擊他人的痛處，修養好的人雖不至於當場發作，與你破口對罵，但心中的疙瘩和怨恨往往難以抹平，如果不幸他是你的上司或客戶的話，你就會變成被「封殺」的對象。

在公司裡，「封殺」意味著調職、冷凍、開除。

如果你是公司負責人，那麼，所謂的「封殺」就代表著對方拒絕繼續與你往來，或是「凍結關係」。

中國古代有所謂「逆鱗」的說法，強調即使面對再溫馴的蛟龍，也不可掉以輕心，肆意地欺弄牠。

傳說中，龍的咽喉下方約一尺的部位，長著幾片「逆鱗」，全身只有這個部位是逆向生長的，萬一不小心觸摸到這些逆鱗，必定會被暴怒的龍吞噬。

至於其他部位任，不論你如何撫摸或敲打都沒關係，只有這幾片逆鱗，無論如何也觸摸不得，即使輕輕摸一下也犯了大忌。

其實，每個人身上也都有幾片「逆鱗」存在，即使是人格高尚偉大的人也不例外，只是彼此的位置不一樣罷了。

惟有小心觀察，不觸及對方的「逆鱗」，也就是我們所說的「痛處」，才能保持圓融的人際關係。

厚黑智典

無形的東西：信心和態度，才是成功的決定性因素，因此，你必須先學會控制這些東西。

——赫伯．凱萊爾

你就是自己的貴人

太多的人，終其一生，埋怨懷才不遇，命運坎坷，卻從來沒想到，唯一能夠栽培自己、提拔自己的，不是別人，正是自己。

性格決定命運，這句話用在日本礦業大王右河市兵衛身上，真是再貼切不過了。

原本，他只是一家民營公司裡的一名小職員，靠著自己的聰穎和努力，很快爬升到了經理的位置。

可惜好景不常，受到全球金融風暴的影響，物價狂跌，商品滯銷，右河市兵衛任職的公司遭受了倒閉的厄運，負債累累。

豈知，他竟然做出驚人的舉動，二話不說，捐出自己所有的財產，替公司償還一部分的債務。

幾年後，右河市兵衛發現一處廢銅礦，萌生了經營礦產的念頭，當他向銀行籌措資金時，銀行董事長聽說了他從前替公司還債的義舉，主動做他的保證人，貸給他一億元作爲資金。

然而，這座廢銅礦早已被其他公司遺棄，開掘了數個月一無所獲，周圍的人開始嘲笑他，甚至說些風涼話。

但是，他絲毫不爲所動，眼看著資金一天天消耗，銅礦卻連一點點影子都看不見，仍抱著「不成功，便成仁」的決心，咬緊牙關，一路堅持下去。

兩年過去了，正當銀行提供的資金快要變成赤字時，銅礦終於挖掘出來了，他也由一個無名小卒一躍而成礦山大王，多年來的奮鬥總算開花結果。

右河市兵衛的成功或許充滿幸運成分，因爲他有幸遇見了貴人，所以才有機會完成了別人認爲不可能的事。

然而，他之所以能夠遇到貴人，是因爲他也曾經伸出援手，做了別人的貴人。

凡事有因必有果，今天你能夠有什麼收穫，完全在於先前種下了多少因。

太多的人終其一生，埋怨自己懷才不遇，苦行不得其志，之所以命運坎坷，皆因幸運之神從來沒有眷顧過他，卻從來沒想到，唯一能夠栽培自己、提拔自己的，不是別人，正是自己。

其實，一個人能夠修成正果，全靠自己平時燒香拜佛；在資訊快速傳播的時代，哪匹千里馬跑得快，人人都看得到，不一定非要遇上伯樂不可。

厚黑智典

下定決心去做你應該做的事；矢志不渝地做好你決意要做的事。

——富蘭克林《自傳》

9

PART

要當勝利者，不要當受害者

不要輕易透露自己的真實想法，如此一來，你才能打開新局面，不但成為辦公室中的生存者，而且成為最後的勝利者。

別人為什麼會捷足先登

想一想，當你還在思考的時候，別人已經做了些什麼，而當別人思考的同時，你又在做些什麼？

在十倍速變化的年代，速度無疑是競爭最重要的一環。不要怪別人投機取巧，而要怪自己爲什麼老是慢半拍。化工業的競爭在於新產品的發明，只要誰能首先取得新產品的代理權，誰便能領先群雄，成爲贏家。

一家大型化工廠，與多家下游廠商一直以來都維持著良好的關係，彼此之間經常保持著電話聯繫。

有一次，這家化工廠發明了一種高效滅蟑的新藥，正準備與下游廠商聯繫代理權問題，甲廠商由於距離最近的關係，率先聽到了消息，立即約定明天一早即派人前往洽談相關事宜。

幾個小時之後，位置較遠的乙廠商也透過電話打聽到了這個消息，廠長立刻啓程，在下班時間前趕到了該化工廠，憑著誠懇的態度與優渥的條件，當天晚上就取得了滅蟑新藥的代理權，帶著合同回去了。

隔天一大早，還不知道半途被攔劫的甲廠商，才正要派人前往該化工廠洽談，卻接到一通化工廠打來的電話，說產品的代理權已經敲定了，想合作的話，下次有機會再說吧！

行動決定一切，試著觀察走在你前面的人，看看他為何領先其他人，然後學習他的做事方法。想一想，當你還在思考的時候，別人已經做了些什麼，而當別人思考的同時，你又在做些什麼？

當然，快速行動不等於冒失、躁進，而是冷靜考慮過後做出明快的決定，並且當下採取行動。

在這則故事中，甲廠商本來明明有機會拔得頭籌的，然而他們雖然很快做了決定，卻很慢才開始行動，令乙廠商有機會捷足先登。

在競爭激烈的時代，必須要有這樣的認知：有時僅僅差之毫釐，結果卻失之千里，因爲決定最後結果的，往往不是你的想法，而是你的行動；不是你決定了些什麼，而是你到底做了些什麼！

厚黑智典

明天可以做的事，應當今天就去做；今天可以做的事，應當馬上就去做。

——印度諺語

六種無法獲得上司賞識的人

不良的工作心態，共同的特點是不能掌握自我、表現自我和捍衛自我，因此無法獲得上司的賞識與肯定，自然和加薪升遷無緣。

升職加薪是每一個在職場打拼的人所期望的，可是，如果你是以下六種人之一，恐怕這輩子很難有升職加薪的機會。爲什麼呢？看了就知道了。

• 像伴娘一樣為人作嫁

這種人的毛病不在於做不好工作，而在於不敢充分表現自己，自然也無法發揮自己的潛能。這種人的工作能力或許是一流的，然而行事態度卻始終像伴娘一樣，有著不要喧賓奪主的想法。

這種心態會阻礙升遷晉級的機會，當然只有爲人作嫁的分，無法出人頭地。

・像鴿子一樣溫馴

這種人認眞工作，也有某方面的技術和才華，但由於工作性質或人事結構，所學的知識完全與工作劃不上等號。因此，別人不斷升遷、加薪、晉級，這種人增加的卻只是工作量。

對這種難堪的境遇，他或許早就心有不滿，但是卻不敢大膽陳述，努力捍衛自己的權益，而只是拐彎抹角地講些模稜兩可的怨言。

由於這種人就像鴿子一樣溫順馴服，不是被上司忽視了，就是淪爲上司擺平利益糾葛的犧牲品。

・像牛一樣任勞任怨

這種人工作的時候像牛一樣任勞任怨、認眞負責，可是工作成效卻很少人知道，尤其是他的頂頭上司。因爲，別人總是用他辛苦努力的成績去邀功，他的內心雖然也想得到榮譽、職位和加薪，但沒有學會如何才能引起上司注意到他的成就。

當別人盜取他的成績坐享其成之時，他只會暗自飲泣。

• 言行太過驕傲

這種人充滿自信，而且往往自信過了頭，他們或許在工作上很能幹，表現也很不錯，卻打從心裡看不起其他同事，總是以驕傲的態度與人相處，常常和別人發生無謂的爭論、衝突。

這種人行爲放肆，常常干涉、糾正別人，即使對上司也不加收斂。使得大家對他們敬而遠之，根本沒人會理會他們有什麼好的創意和成績。

• 天天發牢騷

這種人總是一邊工作，一邊抱怨工作，讓人耳根不得清靜，而被上司、同事認爲是討厭工作、愛發牢騷的人。任誰都會認爲，這種喜歡碎碎唸的人很難相處，也會認定他們沒有敬業精神，何不乾脆辭職算了。

結果，升級、加薪的機會被別人獲得了，這種人就只有天天發牢騷了。

● 太過忠厚老實

這種人對任何要求都來者不拒。別人請他們幫忙，他們總是放下本身的工作熱心地去支援，結果自己的工作忙不完，卻沒人願意伸出援手。

這種人爲別人的事犧牲不少，但是，根本就得不到別人與上司的賞識，還被認爲是無用的老實人。

這種人往往在同事面前鼓不起勇氣說不，受到委屈之後，就只好回到家中發洩。

以上六種不良的工作心態，共同的特點是不能掌握自我、表現自我和捍衛自我，因此無法獲得上司的賞識與肯定，自然和加薪升遷無緣。

厚黑智典

所謂的形象當然是虛假的，我必須鄭重地告訴你，這就像是一份報紙裡面，其實只有廣告頁稍微可以相信。

——湯斯瑪．傑佛遜

不妨把上班當成演戲

別讓自己成了辦公室裡的討厭鬼，如果你是一個不太會控制自己情緒的人，那麼就要試著把上班當作演戲一般。

有時候要點心機、使點不壞，往往是讓問題迎刃而解的最佳捷徑。在這個爾虞我詐的社會裡，如果你不懂得一些厚黑手法，當你被出賣、被陷害時候，就只能欲哭無淚了。

很多人雖然看起來能力很強，工作很勤奮，但是，令人驚訝的是，他們在辦公室內並不受到大家的歡迎，原因就在於他們的EQ（情緒智商）太低，不善於管理、控制自己的情緒。

這樣的人，特徵就是不允許別人對自己提出批評建議，常常爲了一點小事到處抱怨、發牢騷，或是情緒不佳之時就向同事發飆。

眾所周知，人與人之間的情緒是會互相感染的，有時自己情緒還不錯，但是遇到這種EQ低的人，愉快的心情一下子就被破壞了。

誰都討厭老是破壞自己情緒的人，哪怕他是爲了重要的公事。

因此，如果你想要比別人擁有更多加薪升遷的機會，千萬要記得，別讓自己成了辦公室裡的討厭鬼。

如果你是一個不太會控制自己情緒的人，那麼，就有必要試著把上班當作對著一群白癡演戲一般。

一個優秀的演員要能很快入戲，並且能將戲裡戲外分得很清楚，又看不出矯揉造作的成分，才能獲得觀衆的掌聲。

在工作場合也是如此，要將自己想像成演技高超的一流演員，把原來的情緒暫時壓抑下，專心配合上司、同事的工作要求，讓自己表現得最完美。

如此一來，你才能製造一個輕鬆自在的工作環境，既有利於公事的推展，也會讓自己大受同事們歡迎。

我們時常可以見到許多學歷高、能力強、見多識廣的人，由於不懂得控制自己的情緒，以致於在辦公室內人緣不佳。

這樣的人無形之中也喪失了許多升遷機會，只能當個哀怨的上班族，這無疑是相當可惜的事。

如果你不想步上他們的後塵，就要把他們當成讓自己心生警惕的鏡子，從現在起，開始練習當個優秀的演員吧！

厚黑智典

有的人每天勤奮地工作八小時，最終成為一個大老闆，問題是，為了繼續當大老闆，接下來他必須一天工作十二個小時。

——羅伯特·湯賽德

把上司當成向上攀爬的梯子

誠心誠意地感謝上司的幫助和栽培。不要認為這是阿諛奉承，這只是讓上司知道你不會為了升遷而不擇手段地踩著他的肩膀往上爬。

經常與上司進行建設性的溝通，可以幫你建立一個融洽和諧的工作環境，更是在職場上左右逢源的必要條件。

溝通常常會出現預想不到的神奇效果。當人與人之間有了誤解，甚至產生隔閡時，運用溝通藝術進行互動，就顯得非常重要。

在職場上也是如此，必須加強溝通。當上司對你有了誤解或產生猜忌，面對上司「另眼看待」的冷峻態度，千萬不可意氣用事，不要硬碰硬地橫眉冷對、反脣相譏，或是表現得不屑一顧。

這時候，應當以樂觀積極的態度，心平氣和地找上司進行良性溝通。

必須注意的是，想要進行建設性的溝通，一定要找個適當的溝通場所，並選擇恰當的時機，在整個談話過程中更要營造出輕鬆自然的氣氛。

首先，在進行溝通的時候一定要讓對方感受到你樂於溝通的誠意，儘量不要刻意隱瞞某些事情。

例如，如果大老闆私下找你談話，而讓上司疑神疑鬼，倘使談話內容純粹是一般公事，你大可直接對上司說明，這樣一來，他自然不會把你當成扯人後腿的「抓耙子」而處處防你。

其次，當自己的工作成績得到上司的肯定和表揚之時，必須誠心誠意地感謝上司的幫助和栽培。

不要難爲情地認爲這是阿諛奉承，這只是讓上司知道你不是一個得意忘形或忘恩負義的人，也不會爲了升遷而不擇手段地踩著他的肩膀往上爬。

然後，你要誠懇地檢討自己的缺點和不足之處，希望上司能繼續對你嚴格要求，幫助你突破自己的侷限。

當你使上司感覺他是處於栽培、幫助別人的位置上，他就會敞開心胸，盡其所能地為你創造有利的機會。

如此一來，即使你的成就超越他，他也很容易就會認為你的進步是他的功勞，自然能從你的升遷過程中，找到一分屬於自己的成就感和滿足感。

厚黑智典

蠢人的最大特徵是，他們常常相信，只要讓兩隻恐龍交配，同樣能夠生出一隻小羚羊。而且，這種蠢人在企業界特別多。

——湯姆·彼得斯

設法當喜鵲，不要當烏鴉

上班族想要出人頭地，必須獲得老闆青睞；想得到老闆的注重，首先就得做個「有聲音的人」，要設法讓自己當喜鵲，不要當烏鴉。

在這個現實殘酷的世界上，哀怨的「上班奴」到處都是。

許多上班族全心全力地投入工作，幾年之後才猛然發現，儘管自己做牛做馬累得半死，別人卻視若無睹，尤其是掌管加薪和升遷大權的老闆，似乎從未當面誇獎過自己，甚至連自己的姓名都不太記得，因而有滿腹的牢騷和哀怨。

但是，這樣殘酷的結果，並不完全是老闆的過錯。

這些哀怨的「上班奴」是否曾經換個角度想過：以一個粗具規模的公司而言，上上下下、裡裡外外，有多少人、事、物要老闆操心過問，如果自己並不起眼，那麼遭到漠視，不正是理所當然的事嗎？

因此，上班族想要出人頭地，必須獲得老闆青睞；想得到老闆的注重，首先就得做個「有聲音的人」。

記住，當你完成一件很棘手的任務時，第一得立刻向老闆報告，讓他知道你有一個好腦袋和快刀斬亂麻的能力，不光只是會吃飯當米蟲。

不要扭扭捏捏地認為這種行徑是邀功，要告訴自己，這個行為正面的解釋是：「我是在減輕老闆的壓力，你瞧，老闆聽了我的報告，不但不再為了這件事頭痛，而且笑得很開心。」

千萬要記住，人都是喜歡報喜、不喜歡報憂的，因此，要設法讓自己當喜鵲，不要老是等出了紕漏才畏畏縮縮地前去找老闆想辦法。

做老闆的都喜歡聽明能幹的下屬，如果你讓老闆知道你一直都很精明幹練的話，即使偶爾不小心惹了一點麻煩，老闆也能夠諒解。

哀怨的「上班奴」之所以哀怨而且討人厭，是因為他們通常是自命清高、不愛接近老闆的人，有好消息時認為老闆自然會知道，而不去向老闆報告，每次找老闆時就是報告壞消息。

這樣一來，老闆一定不希望見到這些人，因爲他們一出現就代表著不會有什麼好事，而且心中必然認爲，這些平日自以爲是的人是惹人厭的烏鴉，恨不得想盡藉口把他們趕離自己的視線。

厚黑智典

自我懷疑，就像是聯合敵人來對付自己一樣，注定會失敗，因為自己就是第一個相信自己會失敗的人。

——大仲馬

「邀功求寵」的五大步驟

「邀功求寵」的時候不要表現太露骨，只要你能一次又一次贏得老闆的肯定，時機到了，大功自然告成，升遷晉級絕對會有你的分。

你曾經想過要如何才能讓自己擺脫哀怨的「上班奴」行列，讓老闆為你的傑出喝彩，並且大力拔擢嗎？

其實，只要你熟悉向老闆喜傳捷報的「邀功求寵」步驟，就能當一隻快樂的喜鵲，不時讓老闆為你喝彩，從此告別黯淡的職場生涯。

第一，說話說重點，先說出事情的結果。

不要把時間和精力用來描述你做了什麼偉大的事，而是直接把結果告訴他，讓他聽了就高興得不得了。

要知道老闆很忙，在你報告成果的時候，或許他沒時間聽你訴說詳細的枝節，因此要用有限的時間，向報告老闆他最關心的事。如果時間允許的話，他自然會開口詳加詢問整個過程。

第二，說明過程的時候，要盡可能簡明扼要、條理分明，不要因為興奮過頭，而拉拉雜雜說一堆廢話。

並且要記住，「邀功求寵」的時候，千萬不要表現太過於露骨，要先提別人的努力，再提自己的功勞。

第三，如果是以書面方式進行報告，一定要記得署上自己的名字，不要樂昏了頭，洋洋灑灑寫了數千言，最後卻忘了加上自己的名字。

也不要感謝了一大堆人，把直屬主管、老闆的名字統統列了上去，卻唯獨漏了自己，那豈不是最愚蠢的失誤，讓自己的心血功虧一簣？

第四，報告完了，就要適時離開。

除非老闆有意和你進一步討論，否則不要賴著不走，一副等著求賞的模樣，只要給老闆留下良好印象即可，否則，老闆肯定會覺得你是個急功近利的傢伙。

只要你能一次又一次贏得老闆的肯定，時機到了，大功自然告成，升遷晉職絕對會有你的分。

第五，除了向老闆報告之外，最好同時把這項好消息告訴你的上司、同事和部屬，讓他們分享你的喜悅。

這樣一來，既可營造人緣，又可製造輿論效果，讓你的好消息持久，不會只出現曇花一現的效果。

厚黑智典

永遠不要解釋，你的朋友不需要解釋，至於你的敵人，不管你怎麼解釋，他也不會相信你。

——艾伯特·休巴德

如何建立良好的形象

想要在辦公室建立良好的人際關係，最重要的步驟就是先了解週遭的人，方法很簡單，那就是好好聆聽別人談話。

當你初來乍到一家新公司，面對完全陌生的新環境，要多觀察、多思考、多探聽、少說話，這才是適應新環境的明智之舉。

假如你心裡知道，周圍的同事們對新來的你都頗感興趣，但是卻又只是靜靜地在一旁觀察你的一言一行之時，你要如何才能讓他們留下良好的第一印象呢？

首先，要多聽。懂得「聽話」會讓你快速了解你的新同事，並確認他們想要知道什麼，知道他們希望你如何看待他們，希望你喜歡他們、尊敬他們。

如果你明白他們的這種心理需求，你就可很快創造出你想要的印象。

你可以透過「聽話」的肢體語言，流露出他們是如何讓你印象深刻，或者是你有多喜歡或尊敬他們。

所以，你所要進行的第一個步驟，就是迅速找出他們認爲自己最糟糕的地方，並且避免去談論它。

其實，要解決這個問題很簡單，只要多花點時間去聆聽就能瞭解。

因爲，經過「聽話」的步驟，你就能知道：新同事都是什麼類型的人，他們現階段目標爲何，他們的優缺點在哪裡。知道他們是什麼樣的人之後，你就可以找到與他們交談的話題，增強彼此的合作關係。

其次，就是迅速找出那些和你志趣相投的同事，這不但是創造出良好印象的最佳方法，而且也可以維持和諧的同事關係。

再者，面對那些孤傲又難以取悅的人，你應該試著了解他抱持的心態，以及對你的意見和評語。

當然，對於他的意見和評語，你不一定要同意，但也不要心浮氣躁去冒犯他，要很有禮貌、很有耐心地聽他的看法，別讓他有不受尊重的感覺，然後和他保持表面的和諧關係。

必須留意的是，這種心性高傲的人無論在什麼情況下，面對什麼人，都會產生猜忌心理，因此必須敬而遠之。

總之，想要在辦公室建立良好的人際關係，最重要的步驟就是先了解週遭的人，方法很簡單，那就是好好地聆聽別人談話。

因爲，他們的話說得愈多，你對他們的了解就愈清楚。經過一段時間之後，你就能利用傾聽的力量，設法改變他們的立場。

厚黑智典

告訴別人你的決定，但不要告訴他理由，你的決定有可能是對的，但是理由通常是錯的。

——法莫瑞

要當勝利者，不要當受害者

不要輕易透露自己的真實想法，如此一來，你才能打開新局面，不但成為辦公室中的生存者，而且成為最後的勝利者。

大致上而言，人都喜歡以主觀的認知來看待別人，因此會把人分成兩大類：「像我」或「不像我」。

無論你想要用什麼方法讓自己步步高升，首先都要先瞭解週遭的同事具備哪些特質、能力，這些特質、能力日後可不可以轉化成自己向上攀爬的助力。

只有當你瞭解到「像我」這樣的判斷標準對對方的意義時，你才可能快速接近他。要在職場成爲一個無往不利的勝利者，就是要讓你想接近的對象相信，你們之間擁有很多共同點，可以成爲志同道合的朋友。

不過，要小心，即便你掌握了對方的特質，交淺言深仍是初到新工作環境的人應該避免的大忌。千萬不要因爲對方對你態度友善，彼此談話頗爲投機，你就以爲找到了知己，認定你們是同夥的。

如果你有這種輕率的習慣，小心遭人出賣。

有位朋友高高興興地跳槽到一家新公司任職，由於言行謹愼、做事認眞，每天笑臉迎人，所以同事們對他的態度也頗爲友善。有一次，他和一位談得很投機的同事閒聊時，不經意將自己看不順眼的人、事、物全盤說出，藉以發洩心中的悶氣，沒想到這番話幾乎讓他在辦公室裡無法生存下去。

原來，這位外表看似忠厚老實的同事，骨子裡竟然是個唯恐天下不亂的小人，沒幾天便將這些話加油添醋地傳達給其他同事知道，令這位朋友處境極爲狼狽。

這時他才悔不當初，非常懊惱自己一時衝動，沒管好自己的嘴巴，忘記了「逢人只說三分話」的道理。

你身處的辦公室越大，人際關係也就越複雜。

越大的公司，利害關係越複雜，派系問題也越嚴重，每個想要踩著對手的屍體往上爬的部門主管，都渴望得到屬下的擁護、支援，因此新進人員往往會莫名其妙被捲入派系鬥爭中。因而，一個新進人員必須多聽多看，多瞭解辦公室內的人際脈絡，盡可能冷眼旁觀，不要淪爲派系鬥爭的犧牲品。

所以，當你初到一個新環境工作時，首先必須學會與所有的同事保持適當距離，不要隨便發牢騷，以免招來意外的禍端，讓自己摔得鼻青臉腫，成爲職場的受害者。在新同事面前不要有過度親密的言行舉止，也不要輕易透露自己的眞實想法，學習做個快樂的聆聽者，等距離對待每一位同事，避免捲入任何小圈子。

如此一來，你才能儘快適應新環境，打開新局面，不但成爲辦公室中的生存者，而且成爲最後的勝利者。

厚黑智典

你必須記住一點，在淘金熱蔓延的時期裡，眞正發財的不是那些辛辛苦苦淘金的人，而是販賣鋤頭和鏟子的人。

——布蘭德

微笑可以為你換來更多鈔票

微笑除了會帶給自己好心情，還會帶給自己更多的收入，每天都帶來更多的鈔票。只要好好控制自己的心境，便可以達到最終的目標。

職場最重要的成功法則是：懂得微笑的人，才會有升遷的希望。因爲，不管上司或下屬，沒有人喜歡提拔或幫助那些整天皺著眉頭、愁容滿面的人，更不會有人相信他們可以攀爬到什麼重要位置。

要使同事歡迎你、喜歡你，除了平時要對他們表示誠摯的關切外，更別忘了見面之時要露出笑容。

因爲，肢體動作比言語更具威力，微笑所代表的意思就是：我喜歡你，你使我感到愉快，我很高興見到你。

成功學大師卡耐基曾經說：「笑容能照亮所有看到它的人，像穿過烏雲的太陽，帶給人們溫暖。」

他曾經鼓勵卡耐基學院的學員花一個星期的時間，每天對別人保持微笑，然後一個禮拜之後發表自己的心得感想。

參與這項計劃之一的威廉·史坦華是華爾街的知名人士，由於生活過得悶悶不樂，因此也參與這項計劃。

史坦華結婚已經十八年了，每天早上起床到上班之前，很少會對太太微笑，也很少她說上幾句話，上班的時候對其他的人更是一副撲克臉。

他按照卡耐基的要求，上班的時候對大樓管理員和警衛微笑，說一聲早安，當他跟地鐵的賣票小姐換零錢時也會對她微笑，站在股市交易所也對所有人微笑。

史坦華發現，每個人都對他報以微笑，而且當他以愉悅的態度面對那些滿肚子牢騷的人之時，很快就能平復對方心中的不滿，讓問題很容易就解決了。

這時，史坦華發現，微笑除了會帶給自己好心情，還會帶給自己更多的收入，每天都帶來更多的鈔票。

從此，他的人生有了截然不同的轉變，成一個更快樂更富有人。

每個上班族都希望能在職場一帆風順，一步步爬上自己想要的位置，過著幸福快樂的日子。其實，想要在職場左右逢源，方法很簡單，只要好好控制自己的心境，便可以達到最終的目標，因爲那些讓自己升遷的階梯就在你的心裡，要爬得快或慢完全由自己決定。

微笑不用花什麼力氣，但是可以創造出很多成果。記住，讓你的笑容釋放好意，讓它成爲你的親善大使，讓它爲自己換來更多鈔票。

厚黑智典

如果你抱著誰都不得罪的想法，那麼，你可能就永遠也不會給大眾留下深刻的印象。

——傑米．巴列特

同事相處的六大法則

同事間相處的最佳方式是若即若離，保持安全距離，永遠把別人當作好人，但也要永遠記得：不可能每個人都是好人。

身為上班階級，平均一天有八個小時必須和同事處在一起。

辦公室的人際關係是十分複雜的，如何與同事相處更是一門必修的學問，值得我們好好的研究。

如果你老是與升遷的機會擦肩而過，那麼就有必要問問自己：我在辦公室的人際關係如何？是不是忘記了以下所列的同事相處的六大法則？

一、同事相處的第一原則是彼此平等。

不管你是職場的老鳥還是剛入行的新手，都應該絕對摒棄不平等的應對關係，心存自大或感到自卑都是同事之間相處的大忌。

二、和諧的關係對自己的工作有莫大的裨益。

你不妨將同事看成工作上的伴侶、生活中的朋友，千萬別在辦公室裡板著一張撲克臉，讓人們覺得你自命清高，不屑於和大家共處。

三、不要讓晉升、加薪等問題，成為你與同事間的困擾。

你應該專心投入工作之中，不要爲了加薪或升遷耍陰狠的花招、玩奸詐的手段，但是要有防人之心，不放過任何與同事公平競爭的機會。

四、站在對方的立場著想。

當你覺得和上司及同事相處很苦惱的時候，殊不知，你的上司或同事很可能也正在爲此而煩惱。其實，只要你學習眞誠待人，遇到問題時先站在對方的立場想一想，這樣一來，便可以將爭執湮滅於無形中。

五、別把每個人都當成君子。

辦公室內有君子也會有小人，所謂的眞誠相待並不等於完全毫無保留，全盤托出自己的眞實想法。

尤其是對於自己並非十分瞭解的同事，言談之間最好還是有所保留，切勿將自己的私事都告訴對方。

六、保持若即若離的關係。

同事間相處的最佳方式是若即若離，保持安全距離，永遠把別人當作好人，但也要永遠記得：不可能每個人都是好人。

厚黑智典

人們總以為在高層永遠不會有很多好位置，而寧願把它當成夢想，我倒認為高層之上一定有許多空位。

——柴契爾夫人

你是個才華洋溢的失敗者？

想要讓自己活得幸福快樂，應該記住一個重點，人不一定要才華洋溢，但是一定要有輕鬆遊走職場的生存能力。

一般人如果被認為是有才華的人，一定會樂不可支，把它當作褒獎之詞，如果被認為才華洋溢，更會認為別人慧眼識英雄，對自己做出最客觀的評價。

但是，當你聽到「才華洋溢」這類的褒獎之時，千萬別高興太早，如果你不懂得現實社會中的應對進退之道，小心結局變成懷才不遇。

一個才華洋溢的人，無論是專才還是全才，只有擺在正確的地方，發揮應有的能力，才會顯現出相對的價值。

職場上衡量一個人成不功的標準，又何嘗不是如此呢？

從歷史的例子和現實生活中，我們可以看到很多才華橫溢的人，以卓越不凡的能力在自己專精的領域露盡鋒芒。

但是，我們同時也看，到許多才華洋溢的人根本毫無用武之地，甚至過著窮困潦倒的生活，抑鬱終生。

爲什麼會這樣呢？

原因就在於，才華橫溢的人未必擁有在現實社會生存的能力。

有些頗有才華的人準備要在職場展露才華之際，往往發現現實環境並不盡如人意，因爲他們既不知道職場的生存法則，也不願學習做人做事的基本道理，用心經營自己的人際關係。

他們一味地埋怨現實與理想有著很大的差距，感慨自己的才華找不到發揮空間，久而久之便會怨天尤人，心生懷才不遇的感覺，漸漸地就變成哀怨的上班族，甚至淪爲社會邊緣人。

其實，想要讓自己活得幸福快樂，應該記住一個重點，人不一定要才華洋溢，但是一定要有輕鬆遊走職場的生存能力。

才華洋溢並不是對一個人的最高褒獎，如果你不能站到最適當的位置，發揮自己的才華的話。

所以，如果你想當個人人稱讚的才華洋溢的人，千萬記得時時鍛鍊自己適應環境的能力，讓自己的才華找到更寬闊的發揮空間。

厚黑智典

電腦和人一樣，都適用「彼德原理」。如果它的工作成效很好，就可能晉升擔負更多的職責，直到它達到不能勝任的層級。

——勞倫斯．彼德

控制情緒，才不會傷害自己

很多人擁有不錯的學歷和職位，可是無法獲得同事的信賴和尊重，由於他們無法管理情緒，結果既傷害了自己，又得罪了他人。

約翰在一家大型科技公司當了四年的人事經理，擁有人人稱羨的收入。大家都認爲他工作順利、婚姻幸福，然而，只有他知道自己的職場生涯其實充滿危機，隨時可能捲鋪蓋走路，因爲在公司裡他並不受歡迎，同事們對他敬而遠之，不願支援和信任他。

約翰的人際關係之所會如此的差，正是因爲他的ＥＱ不好，不善於控制自己的情緒，喜怒無常的結果，自然讓人覺得他是個很難相處的傢伙，同事們只好設法躲著他，以免踩到地雷。

其實，職場上很多人都像約翰一樣，擁有不錯的學歷和職位，可是無法獲得同事的信賴和尊重，由於他們無法管理、控制自己的情緒，造成的結果是既傷害了自己，又得罪了他人。

這樣的人不允許別人對他們有一點批評，只要有一點不如意，就會將氣發在別人身上，自然大家對他就會敬而遠之。

如果你也像約翰一樣，動不動就向別人發脾氣，雖然事後常常後悔，但總是控制不了自己的惡劣情緒，應該如何改進呢？

一、要時時告訴自己：每個人的情緒都會時好時壞，學會控制情緒是讓自己成功和快樂的要訣。

二、如果覺得自己的情緒惡劣，應該立刻設法找出讓自己生氣的原因，並且尋求補償的方法。

三、當自己想要發怒的時候，要先問問自己：誰得罪了我？怎樣得罪的？我一定要這麼生氣嗎？

四、找個地方好好發洩自己的怒氣。要知道，大多數的憤怒都是來自長期的壓抑，只要在下班時間，找個空曠的地發洩自己的怒氣，那麼，你在辦公室發飆的頻率就會大幅降低。

想要控制好自己的情緒，在工作場合當個受人歡迎的人，應該常常告訴自己照著以上的四個步驟改進。

厚黑智典

當資本主義的運轉開始像賭博俱樂部的輪盤時，無形之中就會改變許多人的命運。

——凱恩斯

10

PART

摸清辦公室裡的相處之道

自命清高的人，往往就是辦公室裡惹人討厭的傢伙，由於不懂得應對進退之道，最後終將在劇烈而又爾虞我詐的競爭中失敗。

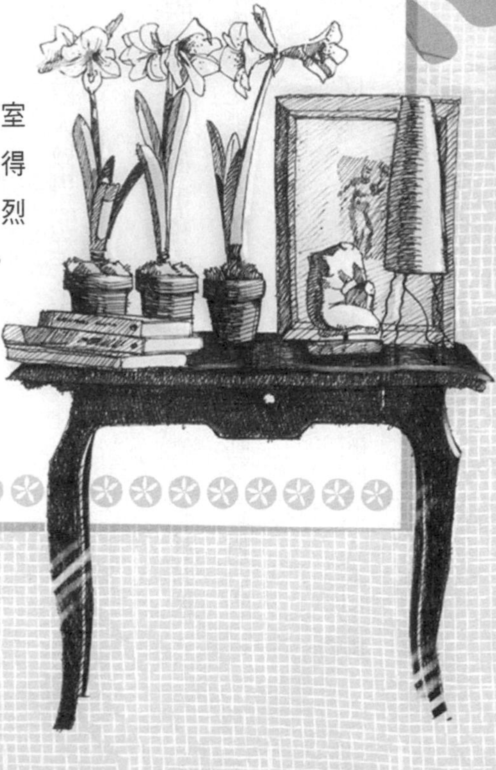

怎麼和上司交談最妥當？

透過察言觀色去瞭解上司的個性，並不是代表著曲意迎合，而是運用心理學讓自己事半功倍的應對方式，使自己在升遷過程佔得先機。

在職場想要出人頭地，除了必須掌握做人做事的基本原則之外，如何與上私交談是個重要的關鍵。

一個優秀的下屬只要能瞭解上司的個性，以尊重和謹慎的語氣，選擇有利時機，保持不卑不亢的態度跟上司交談，那麼必定能與上司進行成功的互動，對自己的日後升遷大有助益。

一般說來，人在與自己熟識的同事、同學、朋友或是下屬說話的時候，表現都會比較正常，行為舉止也會比較自然、大方，但是，與比自己身分、地位、職位較高的人交談之時，心裡就可能感到緊張，表現得較拘謹、不自然，也因此常常犯下不該犯的失誤。

譬如，有的人因爲有所顧忌，不敢在自己的上司面前暢所欲言，以致於時常脫口說了一堆不知所云的廢話，但是在自己的下屬面前講話，則可以思路清析、條理分明地侃侃而談。

又譬如，有的人在一般人面前總是擺出一副自信滿滿、精明能幹的架勢，可是一見到有權有勢的人就顯得十分馴服，一副唯唯諾諾的模樣。

如果你也有這種毛病，那麼記得以後和上司說話時，要避免過分膽怯、拘謹、服從，不要用唯唯諾諾的態度講話，而要適時提醒自己，儘量以生動活潑的語言和沉著自信的態度來表現自己的看法。

因爲，說話時候的態度和內容，不僅會影響上司對你的觀感，有時還會因此影響你的工作和前途。

此外，跟上司說話時，態度一定要尊重、謹慎，但不能一味奉承迎合。

因爲，這種卑微的姿態只會損害自己的人格，根本得不到應有的重視與尊敬，更可能引起上司的反感和輕視。

其實，只要你擁有超過一般同事的才華與能力，能以不卑不亢的態度跟上司交談，而且在工作上能夠敏銳快速地根據事實與理論，表現自己獨到的觀點，反而更能獲得上司的賞識。

再者，掌握上司的個性也是一個重要的課題。

必須記住，層級再高的上司也是平常人，也有個性、愛好與生活習慣……等。例如，有的上司的性格十分爽快、乾脆，會直接表達自己的好惡，有些則顯得沈默寡言，凡事思考再三，不輕易將自己的想法說出，因此，面對不同性格的上司，要有不同的應對方式。

透過察言觀色去瞭解上司的個性，並不是代表著曲意迎合，而是運用心理學讓自己事半功倍的應對方式。

當你清楚自己的上司是怎樣的人時，懂得順著他的慣性思考去談論事情，往往能順利得到他的認同，使自己在升遷過程佔得先機。

除此之外，與上司談話還要選擇最恰當的時機。

因為，上司從早到晚要考慮的問題、要下決定的事很多，所以，千萬不要笨到他正在處理重大事情，或是心情不好之時，提一些瑣碎的事務去打擾他，應該根據問題的重要與否，選擇適當時機加以反應。

厚黑智典

我相信，耶穌基督今日在世的話，肯定是一個全國性的廣告主。他在他那個時代就是一個大廣告主，他把他的一生看作一個事業。

——布魯斯·巴頓

放下架子，才能讓部屬變成墊腳石

不管下屬多麼愚蠢，發生什麼過失，你都要放下架子，忍下心中的怒氣，這樣下屬才會向你敞開心扉，成為你更上一層樓的重要助力。

上司與下屬之間的談話，也是辦公室裡重要的交流活動，只有雙方在思想和感情上得以順利溝通，才談得上成功的交流。

如果你是一個部門主管，在與下屬談話之時，要儘量避免以自鳴得意或是命令、訓斥下屬的口吻說話，否則，萬一下屬心生怨懟之餘挾怨報復，暗中扯你的後腿，你得意的日子恐怕不會太長久。

正確的做法是，不管下屬多麼愚蠢，發生什麼過失，只要不到叫他捲鋪蓋走路的程度，你都要放下架子，忍下心中的怒氣，以心平氣和的方式對待他們，這樣下屬才會向你敞開心扉，成為你更上一層樓的重要助力。

如何傳達自己的意思，讓下屬覺得你是一位英明果斷的上司呢？

除了談話內容必須言之有物之外，還得透過語氣、語調、表情、動作……等方式來表現，讓他們確實明白你的想法和工作目標。

不要以為這是屬於個人習慣的小細節，不會影響到你與下屬的交流、互動，實際上，這往往關係到下屬是否敢與你接近，是否會成為你忠實的工作夥伴。

此外，即使再生氣，像「你們到底在搞什麼鬼？」「有像你們這樣笨的人嗎？」這類傷人的話語或口氣，都不應該脫口而出，這些惡言惡語只會製造彼此的裂痕，拉大彼此的距離。

當你在發表評論時，也應當掌握好分寸。因為，即使你只是不經意地點個頭或搖個頭，也都會被下屬認為這代表著你的觀感，所以，輕易的表態或過於絕對的評價，都容易造成彼此溝通的失誤。

因此，當下屬進行工作彙報時，身為上司的你只適宜提一些問題，或說一些一般性的鼓勵話語，像「這個構想很好，可以多參考其他人的意見」「繼續加油，等有了具體的結果，我們再做深入討論」……等等。

如果你覺得下屬的工作彙報有所不妥時，表達更要小心謹愼，盡可能採用勸告或建議性的措詞：「這個問題能不能有別的看法，例如……」「不過，這是我個人的意見，你們可以參考參考」「建議你們看看最新資料，看看有什麼辦法？」

因爲，這樣的話語能達到激發作用，較容易被對方接受。

厚黑智典

如果你搭乘的火車駛在錯誤的鐵路上，你所到達的每一個車站，都是錯誤的車站。

——伯納德．馬拉莫德

求職失敗，要調整自己的心態

求職失敗往往會讓人感覺失落或受到傷害，或是氣惱別人沒有慧眼識英雄的眼光。千萬不要沈緬於自憐自艾，應該再接再厲。

在求學時代，當學校舉辦某些活動的時候，你有沒有過到了最後時刻，才被挑選參加活動的經驗？

如果有的話，你應該會很熟悉那種等待被選中的感覺。

不管是剛要開始就職，或是想要轉換跑道，參加面試的時候，一般人都會有同樣忐忑的心情，求職失敗的時候也免不了產生失落的挫折感。

或許，你相當期待自己會獲得這項工作，然而在競爭激烈的職場，往往事與願違，最後你可能接到一封抱歉的回函，宣告你沒有被選中。

求職失敗往往會讓人感覺失落或受到傷害，或是氣惱別人沒有慧眼識英雄的眼光。如果一遍又一遍的面試都被拒，那就更加難堪了。

這個時候，千萬不要沈緬於自憐自艾的日子，應該儘快整理自己失落的情緒，然後設法再接再厲。

如果你能保持樂觀的想法，設法提高自己的面試技巧和競爭力，最終你一定會得到自己想要的理想職位。

如果你十分渴望到某家公司工作，遭到拒絕的命運之後，不妨厚著臉皮，誠懇地給他們寫一封信，表達你心中有多麼失望，並具體列出你所有的優點和專長，讓他們知道，一旦發生這個職位發生了變化，或是有其他相關的工作機會，你仍然渴望到他們公司工作。

或者，如果你覺得還有希望的話，也可以鼓起勇氣，試著打電話和負責面試的人談一談。有時候，你可以找到願意給你若干意見的人，談談你的面試的時候失敗在哪裡，或者哪些地方需要再加強。

不要覺得不好意思，積極採取行動會使你多出一線希望，假使他們錄取的人最後並未到職，那麼你就有機會遞補。

事實上，誰都不知道什麼時候會發生什麼變化，只要你採取積極行動，你便會比別人多一絲希望。

求職就像人生中許多其他事情一樣，你努力越多，結果就會越好。

厚黑智典

因為人性總是貪婪和恐懼，所以進行決策的時候，當然不可避免地朝高估或低估兩個極端挪移。

——葛林斯潘

要做大事，先把小事做好

不要自視甚高，要抱著力爭上游的心情，在最短的時間內把這些瑣事做好，這是取得上司信任的最有效的途徑。

當你進入一個全新的工作環境，必須掌握做人做事的法則，要設法儘快跟同事們熟悉起來，適應陌生的工作環境。

你可以從整理文件、接聽電話做起，為其他同事做些輔助性工作，在他們心中留下勤快、熱心、開朗……等正面的印象，如此既易於融入同事的工作圈中，也可以很快得到大家的幫助。

必須注意的是，在職場中，重要的是要保持不卑不亢的態度，不能遇到大人物是一種樣子，遇到小人物又是一種樣子。

勢利的人常常讓人瞧不起，對上司與普通同事當然應該稍有區別，但不應該一副勢利眼或奴才相。

在你身邊的同事中，總有一些人愛說長道短，議論別人的是非，此時你最好保持沈默，既不參與議論，更不要散佈傳言，也不要急於與某個人或某個圈子打成一片，以免一不留神就捲入是非的漩渦。

不管任何時候，都要管好自己的嘴巴。

把抱怨的時間，把與同事談論流長蜚短的時間用來冷靜思考，思考要如何才能提高自己的工作效率。

只有這樣，你才能快速超越別人。

一般而言，當一個人剛到新環境工作，上司或同事往往並不瞭解他的才能，因此，不管他多麼優秀，有多麼輝煌的過去一開始不會委以重任，而是讓他做些比較瑣碎的雜事、小事。

這時候，你不要自視清高，以爲大材小用，而是要抱著力爭上游的心情，在最短的時間內把這些瑣事做好。

這是取得上司信任的最有效的途徑，想要讓往後的職場生涯燦爛輝煌，要先耐得住黯淡無光的日子。

如果你是個有心向上攀爬的人，相信就能及早適應新環境，在未來的職場生活中遊刃有餘、左右逢源。

厚黑智典

人類真正的差別就在腦力，具備超人的腦力加上無法撼動的決心，造就一個人的成功。

——科比爾

初來乍到要懂得微笑

微笑是人際交往的藝術，也是職場生存的法則。在陌生的環境理學會微笑，其實也架一座友誼之橋，掌握了一把開啟同事心扉的鑰匙。

許多人初到一個陌生的工作環境，往往都會因爲緊張或自我防衛心理，不自覺地板起面孔，試圖保護自己不受別人的侵犯和傷害。

其實，這種全身神經緊繃的做法，只會讓陌生的環境更加陌生，自己擔心的種種危險仍然潛伏在自己的周圍，最後反倒把自己搞得疲累不堪，神經兮兮。

如果你換一副微笑的表情，提醒自己不要緊繃著面孔，不要時時露出警惕與狐疑的眼神，這種和新環境隔閡的情況其實會改善許多。

微笑是人際交往的藝術，也是職場生存的法則。

學會在陌生的工作環境裡微笑，是一種放鬆防衛心理和坦然對待新同事的友善表現，自己的心裡也會變得輕鬆愉快。

學會在陌生的環境裡微笑，還是一種自信、開朗、熱忱的表現。

有人說，微笑是人類面孔上最動人的一種表情，是社會生活中美好而無聲的語言，源自於心地的善良、寬容和無私，表現的是一種坦蕩和大度。

微笑是成功者的自信，是失敗者的堅強；微笑是人際關係的潤滑劑，也是化敵爲友的一劑良方。微笑是對別人的尊重，也是對愛心和誠心的一種禮贊。

在陌生的環境理學會微笑，其實也是在陌生的環境架一座友誼之橋，掌握了一把開啓同事心扉的鑰匙。

厚黑智典

你必須始終是個勇敢前進的人，否則就會落後，在成長的過程中保持創新精神，同時適度地管理與監督自己的方向。

——弗瑞德·史密斯

掌握別人對你的第一印象

懂得在第一時機將自己的最好一面表現出來，讓週遭的同事留下良好的第一印象，自然遠比那些不懂如何表現自己的人更接近成功之路。

一個人成為社會的一分子，進入職場工作之時，接觸頻率最多的就是週遭的同事。因此，懂得一開始就在別人心目中留下良好印象，而又善於處理同事關係，能巧妙贏得同事支援的人，工作和升遷過程自然順利。

二十世紀最偉大的成功學大師卡耐基曾說：「良好的第一印象就是人際關係的通行證。」其實，不僅僅在人際交往方面，想要順利遊走職場，良好的第一印象也是一張相當重要的門票。

因為，人性當中有個牢不可破的弱點，那就是和初次見面的陌生人應對時，往往都會暗自打量對方的言行舉止，並且不知不覺間就給對方戴上「這個人很難纏」、「這個人很討人厭」或是「這個人很直爽」……之類的帽子。

其實，第一印象往往是我們拿對方跟自己的特質相互對照，並且衡量對方的外表、容貌、行爲模式、穿著打扮……等基準，所產生的觀感。

儘管第一印象並不一定正確，但是在人際關係卻很重要的，因爲當我們留給對方的第一印象是很難改變的。彼此互動的時間可能不到一個小時，想要進行修正卻必須耗費幾個月，甚至是幾年的時間。

美國心理學家羅勃特．費爾曼曾經長期對所謂的「第一印象」進行深入研究，他指出，在第一次會面之後所得到的有關對方的印象，往往會影響你對這個人的觀感，而且這種觀感日積月累之下，就會形成一種牢不可破的評價。

因此，一個人如何爲自己留下良好的第一印象是非常重要的。

良好的第一印象會讓你少奮鬥幾年；第一印象不好的話，日後想要挽回，恐怕就得費盡九牛二虎之力。

初到一個新環境，正常人都會因爲陌生而感到緊張，不過，只要你掌握住每個人都有「先入爲主」這個弱點，一開始就樹立良好的第一印象，那麼你就成功一半了。懂得運用策略爲自己塑造形象的人，會在第一時間將自己的最美好一面表現出來，讓新同事們對自己留下深刻而好的第一印象。這種聰明的人，自然比那些不懂如何表現自己的人更接近成功之路。

只要能正確認識自己的優缺點，然後揚長避短，發揮自己獨特的優勢，就可以形成與衆不同的風格，更可以塑造出自己獨特的魅力。這樣一來，你便能很快引起別人的注意、重視，而利用這項優勢在職場生涯中無往不利。

厚黑智典

小時候我們把夢想築在無限的承諾之上。長大後，許多人還是保有這種習慣，相信可以利用函授來學彈鋼琴，把泥塗在臉上會讓皮膚變好。

——費茲傑羅

如何成為一位迷人的人

只要你能適度的表現出你獨有的風度、氣質，並常常表現自己的熱情，且懂得使用得體的稱呼，大家自然就會接近你，樂於與你在一起。

在職場工作的人，大都有積極向上的心理，也有獨特的價值觀念，也有自己崇拜欽佩的偶像人物。

不管你的個性如何，只要不讓自己和別人受到傷害，都可以透過眞實、自然、諧調的方式，展現自己獨特的風格。

因爲，辦公室的人際關係往往建立在現實的考量之上，當你讓別人感覺你是一位窩囊、平庸、沒有特殊優點的人，他們或許不會對你懷有戒心或敵意，但是也不願意與你密切交往，甚至會認爲跟你這樣毫無特色的人交往，是在浪費寶貴的時間。

風格是氣質的外在表現，比清秀俊俏的臉孔更具魅力，而且一個人散發出來的風格是很難被人模仿的，因爲，就精神層面而言，它是性格和內涵的展現。

如果你是一個熱情、幹練、敏捷的人，在工作場合不必要求自己一定要戴上虛僞的面具，故意附風會雅、強裝文靜溫柔。

有時候，適度表現自己眞實的一面，會散發意想不到的迷人風采。

所以，就算你要塑造謙虛的形象時，也應該表現出從容自信、幹練、不亢不卑的態度，不要讓人覺得你是一位自卑感濃厚、缺乏自信的人。

當週遭的人覺得你是一位自信、能幹、具有特殊優點的人時，就會樂於與你在一起。

厚黑智典

現代人很有趣，雖然有些人樂觀進取，有創意和智謀，但我認為它代表的是大部分人的心智退化，很容易就被騙、被說服。

——康拉德

摸清辦公室裡的相處之道

自命清高的人，往往就是辦公室裡惹人討厭的傢伙，由於不懂得應對進退之道，最後終將在劇烈而又爾虞我詐的競爭中失敗。

許多社會新鮮人或剛剛跳槽到新環境的上班族，都會患得患失地想著如何才能成為辦公室裡受歡迎的人呢？

方法其實很簡單，只要你能適度地表現出獨有的風度、氣質，常常表現自己的熱情，並且在應對進退之時懂得使用得體的稱呼，這樣大家自然就會接近你，樂於與你在一起。

初次見到陌生的新同事，不要因爲對方的態度有點冷淡或高傲便望而卻步。這時，你可以展現自信、熱情的態度主動出擊，伸出友誼的雙手。

因爲，或許對方冰冷的外表正包裹著一顆熱情的心，只要你相信自己的熱情能夠融化任何冰山，就能爲自己營造一個友善的工作環境。

與新同事互動最有效方法便是主動釋出善意，用熱情感染對方，讓他原先的冷漠感漸漸解凍，陌生的距離便能頃刻而破。

這時，如何稱呼對方就顯得相當重要。

稱呼，是待人接物時說出的第一個詞語，無疑是一個送給對方的見面禮，也進入社交大門的通行證。

得體的稱呼可以使對方感到親切，便於彼此日後交往；如果稱呼不得體，便會引起對方的不快，甚至是惱怒，使雙方的互動陷入尷尬的局面，導致彼此的交往受阻，甚至從此中斷。

那麼，怎樣稱呼才算得體呢？

這要根據對方的年齡、職務等具體情況和交往的場合，以及雙方的關係來決定，不可拘泥於千篇一律的僵化形式。

我們可以看到，那些自命清高的人，往往就是辦公室裡惹人討厭的傢伙，由於不懂得應對進退之道，他們的職場生涯自然步步難艱，最後終將在劇烈而又爾虞我詐的競爭中失敗。

總而言之，要讓自己的職場生活過得一帆風順，除了必須擁有過人的本領之外，更得細心研究與同事相處的學問。

厚黑智典

人必須保持樂觀進取的精神，因為，最顯而易見的現象是，我們從來沒有見過悲觀的富翁。

——艾倫．布里德

把握每一個出人頭地的機遇

當你擁有亮麗的工作成績，就要經常在擁有決定升遷實權的上司面前大量曝光，讓他牢牢記住你，這是職場上快速升遷的一個重要策略。

你正費盡心思想要成爲職場中的佼佼者嗎？

其實，只要懂得在上司面前巧妙地展現自己的才華，留下漂亮的成績，並不留痕跡地接觸決定性的關鍵人物，這樣你自然就容易獲得加薪或得到升遷的機會。

在競爭激烈的職場中，每個上班族都想比別人早一步出人頭地。不過，只有聰明的人才知道，操之過急的結果，只會給上司留下汲汲於鑽營職位的壞印象，不利於下個階段的爬升。

懂得運籌帷幄的人，會掌握出人頭地的最佳機會，巧妙地展現自己的才華，不留痕跡地接觸決定性的關鍵人物，以達到不斷升遷的終極目的。

想得到升遷機會的人，首先當然是必須擁有實際的工作成績，然後才能設法讓這些成績替自己說話。

例如，證明是因爲你的策劃、建議和努力，替公司省下一大筆不必要的開銷，或者由於你絞盡腦汁才解決了大家頭痛的難題。

總之，凡是你參與過的工作都要留下記錄，當然，這些洋洋灑灑的成績裡還要包括你受過哪些嘉獎和讚譽。

當你擁有亮麗的工作成績之後，就要經常在擁有決定升遷實權的上司面前大量曝光，讓他牢牢記住你的傑出表現。

此外，你也可以多在上司面前製造一些讓他印象深刻的事蹟，這是你在職場上快速升遷的一個重要策略。

此外，公司內部召開的大小會議和舉辦的各項活動，也都是你嶄露頭角的大好機會，只要肯花心思動動腦筋，一定有辦法使上司對你的能力和工作績效留下良好印象，如此一來，你的前途將會一片光明燦爛。

最重要是，你必須有承擔重要工作的能力，讓公司認爲你是不可或缺的人才。如果你手上握有重要的客戶或是機密可靠的資訊管道，這樣你便具備舉足輕重的地位，公司自然認爲別人都無法與你相比。

當然，到了這個階段，公司自然而然便會對你器重有加，透過升遷或加薪的方式來籠絡你，以免你另謀高職。

厚黑智典

當一個人即將成為自己的理想中人物時，正處於巔峰狀態，但是在達成目標之後，他就可能失去原來的聰敏。

——詹森

尊重自己的品味，也尊重別人的視覺

上班族的穿著哲學在於尊重自己的品味，也尊重別人的視覺感受，只有得體的外在裝扮才能讓自己在職場生涯獲得應有的評價。

得體、適宜地打扮自己，是建立良好印象的第一步，當別人對你留下良好的第一印象，無論以後你做任何事，都會有事半功倍的神奇效果。

俗話說：「人要衣裝，佛要金裝」，由此我們不難得知，穿著打扮對一個人的形象有非常大的影響。

穿著可以產生加分效果，也可能使自己的形象大打折扣，因爲，在這個世界上，絕大多數人都試圖透過一個人的衣著，看穿他的內心世界。

從這個觀點而言，衣著本身就是一種相當有力的交際武器，因此，在你進入新環境工作之初，如果想快速和別人打成一片，便可以透過細心的穿著打扮，塑造出自己想要表達的氣質、性格與品味。

一個外表骯髒邋遢，對穿著缺乏品味的人，或許可以自詡爲是不修邊幅的名士，但絕對會換來嗤之以鼻的回應，根本無法在職場中有所發展，而且必然在無情的競爭中處於下風。

因此，如果你想要在職場生涯有所作爲，從現在起就細心注意自己的衣著，不要一副寒酸的「上班奴」模樣，也不要當個標新立異的小丑。

其實，所謂有品味的穿著，並不是當一個盲目追逐時尚的世俗庸人，也不是非得全身上下都穿戴名牌，而是要懂得在什麼場合穿什麼衣服。

在職場工作，男性應該準備幾套讓自己看起來體面的西裝，顏色別太花俏，應該儘量讓自己看起來成熟穩重，顯現出幹練權威的模樣。

襯衫方面，可選白色或淺藍色這種大衆認同的安全顏色，因爲這兩種顏色不管搭配什麼顏色的西裝都相當合適，不會讓人感到突兀、不協調。

至於服裝的質料，不一定要特別講究，只要能達到整潔、筆挺的效果就可以了。

在髮型方面，男性的頭髮一定要經常修剪，保持整齊清潔，不要有頭皮屑，更不要長髮披肩或是剪其他怪模怪樣的前衛髮型。因爲，適當的髮型可以給人留下幹練、莊重的印象。

至於臉部，除非有特殊的保養需要，不然不要刻意化妝，更不要使用女性化妝品，一副娘娘腔的模樣。

脂粉味濃厚的男人會給人不成熟、不可靠的印象，說不定還會被誤認爲是「同志」，讓不認同的人敬而遠之。

洗臉時特別要注意清除眼角、鼻窩、耳根、脖頸……等等容易留下污垢的地方，眼屎、耳屎和鼻涕、鼻毛一定要徹底處理乾淨。

至於女性的衣著，當然可以比男士色彩豐富一些，或花樣多一點，但是必須注意，應該以端莊優雅爲原則，不可過於冶艷花俏，因爲過於冶艷花俏極易被視爲花瓶型或交際型的人物，使得自己的內涵受到漠視。

特別要留意的一點是，女性上班族穿著打扮不能過分性感暴露，否則容易令辦公室的異性同事想入非非，爲自己帶來許多不必要的麻煩。

上班族的穿著哲學在於既尊重自己的品味，也尊重別人的視覺感受，只有得體的外在裝扮，才能讓自己在職場生涯獲得應有的評價。

厚黑智典

在生命中沒有任何一個年齡或時間，也沒有任何立場或情況，能讓人永遠維持成功。任何年齡都是朝成功努力的開始。

——傑洛大主教

孫子兵法厚黑筆記

人性博弈篇

You must know these ways to live in society

你不能不學的人性厚黑兵法

《戰爭論》作者克勞塞維茨曾說：

任何一次出其不意的攻擊，都是以詭詐為基礎。

的確，活用智慧，才能為自己創造更多機會，
想在人性戰場上克敵制勝，
「詭詐」絕對是你必須具備的人性潛技巧。
《孫子兵法》也強調「出奇制勝」，因為與競爭對手正面衝突，
必然會造成自己的損傷，必須根據不同的情勢靈活運用智謀，
出其不意、攻其不備，才能為自己創造更多機會，
以最小的代價獲取最大的利益。

王照 著

左逢源

三十六計厚黑筆記

You can also succeed in getting rich

商戰謀略篇

想提升競爭力,
必須讀點
《三十六計》

經濟學家法瑪說過：
「市場不是抽象的動物,
而是眾多投資人做決定的地方,
因此, 不論你做什麼決定,
其實都是跟其他人在打賭。」

所有的商業行為，
基本上都是各方勢力的博弈，
想要戰勝難纏的競爭對手，
想要發財致富，
就必須具備過人的智慧和膽識，
既要看到風險後面的龐大契機，
更看到機會後面的巨大風險。
活在腦力競賽、心理博弈的時代，
想提升自己的競爭力，就得讀點《三十六計》，
活用一些克敵制勝的招數。

權謀經典

07

厚黑學完全使用手冊：用人做事篇

作　　者　王　照
社　　長　陳維都
藝術總監　黃聖文
編輯總監　王　凌
出 版 者　普天出版家族有限公司
新北市汐止區康寧街 169 巷 25 號 6 樓
TEL / (02) 26921935 (代表號)
FAX / (02) 26959332
E-mail：popular.press@msa.hinet.net
http://www.popu.com.tw/
郵政劃撥 19091443 陳維都帳戶
總 經 銷　旭昇圖書有限公司
新北市中和區中山路二段 352 號 2F
TEL / (02) 22451480 (代表號)
FAX / (02) 22451479
E-mail：s1686688@ms31.hinet.net
法律顧問　西華律師事務所・黃憲男律師
電腦排版　巨新電腦排版有限公司
印製裝訂　久裕印刷事業有限公司
出 版 日　2019 (民 108) 年 2 月第 1 版
ISBN◉978-986-97363-3-6　　條碼 9789869736336

國家圖書館出版品預行編目資料
厚黑學完全使用手冊：用人做事篇／ 王照著.一第 1 版.一：新北市,普天出版 民 108.02 面；公分. - (智謀經典；07) ISBN◉978-986-97363-3-6 (平裝)

普天之下・盡是好書

普天出版家族
Popular Press Family

凌雲文創
A-Plus Creative Company